전영백의

더 세미나

기호학 · 정신분석학 편

주체의 정체성에 대한
자기 인식과 표현

전영백의

더 세미나

기호학 · 정신분석학 편

전영백 · 오세령 · 김세정 지음

자유의길
Media Contents Group

책을 열며

강의실을 개방하다

대학에서 강의하며 미술사를 가르친 지 24년째다. 미술사는 구체적 학문이지만 그와 연관된 다양한 시각들과 함께 포괄적인 인문학 지식을 다뤄왔다. 돌아보면 그 긴 세월 동안 같은 대학에서 제자들과 함께 변함없이 공부할 수 있었던 건 큰 축복이 아닐 수 없다. 학부는 다른 학교와 별반 다르지 않으나, 우리 대학 특성상 미술사 석박사 과정은 재학생이 20대 초에서 60대 후반까지인지라 교육의 폭 또한 넓어야 했다. 그 바람에 전문지식의 '우물 안 개구리' 입장을 벗어날 수 있었던 듯하다. 교수라면 마땅한 일이지만 나는 이제껏 수업에 혼신을 다해 왔다. 무엇보다 수업에는 시스템 구축이 가장 중요하다 여겨왔고 강의실을 나와 학생들과의 '집단지성'의 장場으로 만들고자 했다. 대학원 수업은 교수의 강의만으로 시종되지 않는다. 이를 기반으로 함께 공동 주제를 논의하고, 배운 것을 통해 개인 연구를 구상하여 검토받으며, 발제로 심화하고 발표를 통해 응용하는 등의 집단적 상호작용이 너무나 중요하다. 정보전달식 교육에서는 결코 얻을 수 없는 집단의 시너지 효과가 개인에게 놀라운 변화를 가져오게 되는 것이다. 대학원 세미나는 그

가치를 추구하는 일종의 관계적 지식이다.

이 책은 이러한 대학원 세미나의 지식과 그 독특한 방식을 일반과 공유하려는 취지로 구상되었다. 상아탑의 분리된 공간을 벗어나 강의실을 개방해 일반 독자를 세미나로 초대하는 형식인 것이다. 책의 내용과 구조가 수업에서 했던 방식 그대로인지라 독자들은 강의실 분위기를 느낄 수 있을 것이다. 이 책의 출판은 데리다Derrida식으로 말해, '말하기'로 진행했던 세미나를 '쓰기'로 전이하는 일이기도 하다. 텍스트 공간에서 시각문화를 둘러싼 인문 지식을 충전하려는 이들이 자유로운 사유의 장을 펼치기를 바라고 의도한 것이다. 대학원 수업에 가끔 일반인 청강생도 허용한 적이 있었는데, 이 책의 불특정 독자는 따라서 우리 강의실의 청강생인 셈이다. 나의 경우, 새 학기를 맞아 첫 수업 날 수강생들에게 언제나 당부하고 스스로에게 다짐하는 말이 있다. 수업의 내용이 그저 추상적 지식으로 그치는 게 아니라 일상에 활용할 수 있는 지식, 다시 말해 필요한 순간순간마다 인식과 실행에 작용할 수 있는 지식이 되게 하자는 것이다. 같은 마음으로 이 책을 작성했다.

지식은 크게 두 가지로 나눌 수 있는데, 정보적 지식informative knowledge과 종합적 지식synthetic knowledge이 그것이다. 이 두 범주 안에서 그 수준이 수없이 세분화된다고 보면 된다. 여기서 정보적 지식은 인터넷 등으로 찾으면 대부분 충족되는 것으로, 말하자면 AI가 얼마든지 대치할 수 있는 지식이다. 그런데 종합적 지식은 다르다. 이는 여전히 인간의 역량이 요청되는 부분이자, 오랜 경험적 축적과 내공이 요구되는 지식이므로, 지적 네트워크의 다층 작용 및 학제간 교류가 필요해지는 것이다.

테크놀로지가 빠르게 발달하면서 대학 강의실 풍경도 전과는 많이 달라졌다. 이제 교수는 더 이상 정보적 지식을 가르칠 필요가 없다. 대부분 학생들이 고맙게도 인터넷에서 재빨리 찾아내므로 그런 방식의 강의는 더 이상 유효하지 않다. 따라서 대학 교육은 종합적 지식을 함양하는 데 전력을 기울이는 게 마땅하다. 이런 점에서 지적 능력 중 암기력이나 정보력보다는 체계적인 조직력, 구조나 중요도에 대한 인식 등이 훨씬 필요하다는 것을 강조하고 싶다.

제자들과 이제껏 진행한 수업은 위와 같은 신념에 기반해 왔다. 우리 강의실의 수업은 해외 유수 대학과 비교해도 수준이 결코 뒤처지지 않는다고 자부한다. 특히 미술사학이라는 전문 영역을 기반으로 하되, 사유의 폭과 깊이를 더하는 인문학 공부의 플랫폼으로 여긴다는 점에서 그렇다.

이 책은 구체적으로 대학원(미술사학과)의 '포스트모던 아트와 문화비평 이론' 및 학부(예술학과)의 '포스트모더니즘 미술론' 수업들에서 다뤘던 다양한 내용을 다듬어 만들었다. 수업 내용은 포스트모던 사유에서 대표적인 이론들을 다루고 이를 통해 미술사 담론과의 연계 및 미술작품의 독해reading를 시도한 것이었다. 책의 구성은 앞서 언급했듯 강의의 구성과 같다. 구체적으로 교수가 이론을 먼저 강의하면 수강생들은 심화 발제를 하고 그에 대한 코멘트를 받는 방식이다. 그리고 마지막에는 배운 이론적 시각을 활용하도록 하는 시간으로, 그들이 교수의 도움을 받아 미술작업을 포함한 시각문화를 읽어내도록 하는 것이다.

이 책의 모체인 우리의 수업들을 돌아보며 특히 2021년과 2022년에 함께 했던 60여명의 대학원 제자들과 40여명의 학부 제자들을 기억한다. 그때 나눴던 많은 담론들이 휘발성으로 날아가지 않게 기억의 망으로 엮어 글로 남기려 한 것인데 공동저자로 이름을 올린 오세령과 김세정, 더불어 보조해 준 황하연의 수고에 감사의 마음을 전하고 싶다. 끝으로 수업의 내용을 일반 독자와 나누려는 우리의 의도에 공감하고 이를 위해 편집의 묘를 십분 발휘해 준 김지은 대표께도 진심으로 감사의 말을 전한다.

2023년 1월

전영백

contents

2교시 심화 발제

기호학과 미술사 방법론

3교시 응용 발표

2부

정신분석학

정신분석,
미술의 심리를 분석하다

1교시 강의

2교시 심화 발제

정신분석학과 미술사 방법론

3교시 응용 발표

Semiotics

1부

기호학

기호학, 미술의 이름을 부르다

주제의 정체성에 대한
자기 표현

1교시

강의

*** 수업 교재**

- 마단 사럽, 『후기구조주의와 포스트모더니즘』, 전영백 옮김, 조형교육, 2005.
- 마이클 해트, 샬럿 클롱크, 『미술사 방법론: 헤겔에서 포스트식민주의까지 미술사의 다양한 시각들』, 전영백과 현대 미술연구회 옮김, 세미콜론, 2012.
- Kaja Silverman, *The Subject of Semiotics*, New York: Oxford University Press, 1983.

*** 참고문헌**

- Ferdinand de Saussure, *Course in General Linguistics*, Charles Bally and Albert Sechehaye(eds.), Albert Riedlinger and Roy Harris(trans.), London: Duckworth, 1983.
- Jonathan Culler, *Saussure*, Glasgow: Fontana/Collins, 1976.
- Charles Sanders Peirce, *Collected papers of Charles Sanders Peirce, Volumes I and II*, Charles Hartshorne and Paul Weiss(eds.), Cambridge, Mass.: The Belknap Press of Harvard University Press Cambridge, 1974.
- Jacques Lacan, *Écrits: A Selection*, Alan Sheridan(trans.), New York: W.W. Norton & Company, 1982.
- Roland Barthes, *Mythologies*, Annette Lavers(trans.), New York: Hill and Wang, 1972.
- Roland Barthes, *Image-Music-Text*, Stephen Heath(trans.), New York: Hill and Wang, 1977.
- Jonathan Culler, *Barthes*, London: Fontana Press, 1983.
- Jacques Derrida, *Of Grammatology*, Gayatri Chakravorty Spivak(trans.), Baltimore and London: Johns Hopkins University Press, 1976.
- Jacques Derrida, *Writing and Difference*, Alan Bass(trans.), Chicago: The University of Chicago Press, 1978.
- Jacques Derrida, *The Truth in the Painting*, Chicago: Chicago University Press, 1987.
- Christopher Norris, *Derrida*, Cambridge, Mass.: Harvard University Press, 1987.

Preview

기호학이라는 보편적이고 범위가 넓은 담론으로 들어가면서 우선 직면하는 문제는 어디까지 다루는가를 정하는 일이다. 3시간의 수업시간에 논의해야 하는 물리적 한계를 고려할 때 담론의 디테일로 들어갈 수는 없기 때문이다. 이론의 구체적 설명은 언어학과나 기호학 전문영역에서 다루면 될 일이다. 그보다 인문학 기반을 다지려고 하거나 우리처럼 미술사와 미술이론을 위해 기호학을 가져오는 경우, 이를 왜 필요로 하는지를 물어야 할 것이다. 어떤 담론이든 그 기본 체계를 파악해서 내가 얻는 게 무엇인지를 알 때만이 이를 실제로 활용할 수 있다. 우리의 수업은 기호학이란 담론을 통해 내가 누구인지, 세상과 어떻게 관계해야 하는지 그리고 그 과정에 미술작업을 포함한 시각문화를 어떻게 읽어내야 하는지를 생각하는 시간이다.

기호학은 다른 시각들과 공유되는 부분이 가장 많은 담론이자 방법론이다. 이는 '언어'에 대해서, 즉 상징 언어verbal/written language뿐 아니라 시각 언어visual language를 포괄하며 그 의미의 조성 및 작동, 그리고 인식, 전달, 소통을 탐색한다. 따라서 이를 요구하지 않는 담론이란 있을 수 없다. 이 수업에서는 무엇보다 상징 언어의 구조와 메커니즘, 그리고 시각 언어의 속성을 핵심적으로 이해하고자 했던 것이다. 그래서 미술사 및 미술이론에서 다루는 작품들을 심도 있게 '읽고' 시각을 위한 언어를 이차적으로 탐색하는 것이다. 여기서 우리는 '해석하기interpreting'가 아닌 '읽기reading'라는 말을 사용한다는 점을 밝혀둔다. 해석하기는 다루는 대상에 결정적 의미나 고정된 답이 담보돼 있는 반면, 읽기는 텍스트의 개방성을 전제하고 독자(관람자)의 다양한 시각에 중심을 두는 말이기 때문이다.

강의를 시작하며

오늘은 출석을 부를 때 다른 때보다 여러분 이름을 꼼꼼히 불렀는데 눈치채셨을까요?
우리 각자의 이름이 우리 존재를 나타내듯, 모든 것들엔 이름이 붙어 있지요. '이름 짓기naming'라는 말이 있는데 어떤 존재, 사물 혹은 생각이라도 그것이 내 머릿속에 떠오른다는 것은 이미 구름같이 엉켜 있는 추상적 생각이 기호화됐다는 뜻입니다.

우리의 일상은 아침에 눈을 뜨면서부터 밤에 잠자리에 들 때까지 기호sign와 뗄 수 없이 진행되는 삶이지요. 세상을 이루는 모든 현상이나 대상, 그리고 우리가 사회를 살아가는 행동이나 사고방식, 또 자신을 표현하고 타인과 소통하는 구조는 기호라는 것으로 이뤄져 있으니까요. 미술사에서 다루는 미술작품들과 미술이론에서 다루는 시각문화 또한 그렇습니다. 실존주의자인 사르트르Jean-Paul Sartre, 1905-1980조차 "우리를 둘러싸고 있는 모든 대상은 기호다"라고 말한 바 있어요. 기호학이란, 광범위하게 들릴 수 있겠지만, 이렇듯 다양한 층위에서 발생하는 의미작용에 대한 연구study of signification라 할 수 있습니다.

언어는 이분법적이고 그 논리는 선형적으로 진행된다

의미작용 중 언어verbal/written language는 가장 대표적입니다. 기호들 중에서 사회, 문화적으로 소통 가능한 객관성을 담보하기 때문이지요. 위에서 언급한 '이름 짓기'야 말로 언어라는 기호의 형성을 뜻하는 것입니다. 그런데 사르트르의 말대로 이미 드러난 대부분의 물적 대상의 경우와는 달리, 우리가 이름 짓지 못하는 인간의 감정이나 사고, 그리고 새로운 발명품이나 외계 물체 등도 거론될 수 있습니다. 여기서 명명될 수 없는 감정이나 사고는 우리의 기존 의미 체계(언어구조)에 들어맞지 않는 경우예요. 일반적으로 언어는 이분법으로 구조돼 있고 선형적lineal 방식으로 진행됩니다. 그런데 이도 저도 아닌 경계에 있거나 응축되어 나타나는 체험적 인식은 적절한 말(이름)을 찾기 힘들지요.

가끔 우리가 예기치 못한 일로 인해 급작스런 충격을 받으면 말을 잃어버리지요? '억'이든 '윽'이든, 외마디 소리 같은 동물적 반응을 보이거나 감정에 압도되어 할 말을 찾을 수 없게 되는 겁니다. 베이컨Francis Bacon 그림 속 교황의 크게 벌린 입을 떠올릴 수 있습니다. 대부분 트라우마를 야기하는 순간이지만, 꼭 그런 것은 아니에요. 예컨대, 오스카상과 같은 국제적인 상을 받아 단상에 올라온 배우의 가장 적절한 반응은 사실, "할 말을 잃었어요I am speechless!"이니까요.

그러니 말할 수 없다 해서 아무것도 생각하지 못하는 게 아니고, 언어화하지 못한다고 해서 느끼지 못하는 게 아닙니다. 오히려 우리 삶의 가장 중요한 것은 정작 말로 표현되지 못한다고, 제가 어느 번역 책의 후기에 쓴 적이 있습니다.[1] 더불어 표현할 수 있는 것의 한계를 알 때, 우리는 표현할 수 없는 것 또한 어렴풋이나마 가늠하게 됩니다.

의미는 언어의 체계, 사회적 코드에 의존한다

그러면 우리는 어떤 자세로 언어를, 기호를 대해야 할까요. 문제는 우리 스스로가 인지하는 범위와 그 한계입니다. 무슨 말이냐고요? 청력을 예로 듭시다. 인간이 들을 수 있는 범위를 헤르츠Hz, 즉 주파수로 나타내면 20Hz~20,000Hz 가량입니다. 그 범주 이하나 이상으로 가면 우리에겐 소리가 아니지요. 우리에게 유의미한 소리는 우리가 지각할 수 있는 범위에 있어야만 유의미한 것입니다. 언어도 마찬가지라고 할 수 있어요. 우리가 속한 문화권에서 공통으로 인식되는 약속 체계를 따라야 그 의미를 알 수 있고 소통할 수 있지요. 여기서 강조하는 것은 '내가 어떤 생각과 감정을 갖는가'보다 '내가 속한 사회의 의미 체계, 언어의 구조에서 그것이 어떻게 수용되는가'입니다. 이는 자신이 속한 사회의 '기호 게임', 언어의 체계에 참여하는 것이고, 사회인으로서 우리는 그런 묵계적 언어약속 체계

속에서 살아가고 있는 것이지요. 우리의 삶에서는 개인보다 사회가, 즉 각자의 표현보다 이를 가능케 하는 체계가 중요하다는 뜻입니다. 그래서 미술사학자 해트와 클롱크는 "기호학에서 의미는 우리의 말이나 표현을 지배하는 코드와 법칙에 의존하고 있다"고 했으며, 기호학은 "문화를 뒷받침하는 의사소통이나 표현 법칙이 존재한다는 데 근거를 둔다"고 말한 바 있답니다.[2] 요컨대 기호학에서 강조하는 것은 개인이 제시한 의미란, 결국 사회의 의미 체계에서 이해된다는 점이에요.[3]

우리가 알아야 할 기호학자는 누구인가?

기호학은 그 원류로 플라톤 Plato과 아우구스티누스Augustinus까지 거슬러 올라갈 수 있습니다만,[4] 우리가 현대에서 활용하는 기호학의 출발은 소쉬르Ferdinand de Saussure, 1857–1913와 퍼스Charles Sanders Peirce, 1839–1914부터 라고 보면 될 것 같습니다. 이들이 활동했던 시기는 19세기 후반에서 20세기 초이고, 기호학은 20세기 초부터 비로소 하나의 독립된 학문영역으로서의 자의식을 가지고 출범했다고 할 수 있지요. 소쉬르의 기호학은 유럽에서 20세기 전반부터 구조주의의 사유 아래 전개되어 20세기 중반 이후 제대로 부각

됐고 후기구조주의에서 그 중요성이 다시 강조됐구요. 따라서 소쉬르의 본격적 영향을 20세기 후반부터라 보는 견해가 일반적입니다. 실제로 그의 『일반 언어학 강의』(1916)가 1960년대에 들어 다양한 학문에서 이론적으로 활용됐으니요. 그런데 퍼스는 소쉬르보다 근 20년 선배이지만 국제적으로 학계에 알려진 것은 그보다 훨씬 늦답니다. 미국 기호학자인 그가 유럽에서 소환되어 특히 1960년대 포스트모더니즘 이후 본격 조명을 받게 됐으니까요. 그럼에도 불구하고 그의 기호학이 주목받은 이유는 소쉬르와 달리, 기호가 취하는 다양한 형식을 제시했다는 점이지요. 기호의 종류를 분류해 의미의 다양성을 이해하는 근거를 보여준 것입니다.

기호학에서 대표적으로 다뤄야 하는 이론가는 언급한 소쉬르와 퍼스이고, 후기구조주의의 세례를 받은 롤랑 바르트, 자크 데리다, 그리고 자크 라캉 등도 기호학과 연관해 알아둬야 합니다. 라캉은 정신분석학에서 다룰 것이므로 여기서는 소쉬르의 기호 체계를 말할 때 그와 연관된 부분만 보려 합니다. 앞으로 여러분은 우리 세미나의 각 세션에서 배우는 시각들이 서로 겹치고 연관되는 것을 계속 확인하게 될 것입니다. 그런데 기호학의 경우, 담론의 보편성이 높아 더 그러하고 특히 정신분석학, 문화학(혹은 인류학)과 공유하는 바가 많아요. 20세기 초 소쉬르의 기호학과 공존했던 프로이트의 정신분석학, 레비스트로스의 인류학을 보아도 알 수 있지 않습니까? 여기서 정신분석학과 기호학은 특히 밀접한 관계를 갖습니다. 기호학이 의미작용에 대한 연구라면 정신분석학은 인간 주체에 관한 연구라 할 수 있지요. 그런데 인간 주체는 의미작용을 사용하고 의미의 망 속에서 규정되는 존재이자, 의미를 사용하는 문화 체계에서 분리될 수 없는 존재입니다. 따라서 정신분석학과 기호학은 같이 갈 수밖에 없습니다. 그럼 이제 본격적으로 내용으로 들어가, 먼저 소쉬르 기호학의 핵심부터 알아 봅시다.

소쉬르 기호학의 핵심은 무엇인가?

우리는 언어 중심의 삶을 살아가고 있습니다. 우리 개인의 삶이나 사회생활은 언어를 중심으로 돌아갑니다. 그러니 이 언어가 어떻게 작동하고 그 한계가 무엇인지를 인식하는 건 너무나 중요합니다. 그걸 아는 사람과 모르는 사람은 천지 차이이지요. 오늘의 수업이 그것을 드러내길 바라는 바입니다. 이렇듯 언어중심성logocentricity을 강조한 것이 소쉬르 기호학인데 이는 기호학 전반의 특징이기도 합니다. 말이 중요하다는 것에 우리는 누구나 동감하지만, 그 사회에서 보편적이고 일반적인 언어의 방식을 내 개인의 말로 체화시켜 나를 자유롭게 표현하기란 멀고도 먼 얘기지요. 어쩌면 평생의 과제일 수도 있을 정도이지요. 우리는 모두 적절하고, 효율적이고, 진실하게 내 생각을 표현하기를 원하지만 대체로 잘 안돼요. 물론 개인차에 따라 천차만별이지만요. 언어를 강조하는 기호학을 들여다봐야 할 이유입니다.

소쉬르는 우리의 모든 의미 체계를 구성하는 것은 언어이고 오직 언어적 기호로 인해 다른 기호들의 의미가 담보되는 것이라 설명합니다. 이러한 언어의 특권적 지위는 이후 시각적 의미 체계의 제시와 그 관계에 대한 분석(프로이트 및 라캉), 비언어적 체험 영역에 대한 후기구조주의자들의 이론적 관심 등으로부터 도전받아 왔지요. 그러나 서구 사상의 흐름이 대체로 그렇듯, 그러한 비판적 입장은 소쉬르의 이론을 충분히 수용하면서 그 한계를 드러내고 또 확장시켰다고 할 수 있지요. 그의 언어중심주의는 오늘날 우리의 삶에 여전히 실효성을 갖습니다. 그러면 소쉬르는 언어가 어떻게 구성된다고 했는지 봅시다.

소쉬르는 기호sign* 란 기표signifier와 기의signified로 구성됐다고 해요. 서로 다른 두 요소가 연합해서 이루는 복합체라고요. 여기서 기표는 '소리 이미지sound image'이고 기의는 '의미meaning'라고 보면 됩니다.[5] 그는 두 요소의 연결이 임의적arbitrary이라는 사실을 강조하는데 이게 중요합니다. 다시 말해, 기표와 기의 사이에는 어떠한 자연적 연계도 없는 것이고 그 관계는 전적으로 관습적이며, 단지 어느 특정한 언어 체계 안에서만 가능하다는 것이지요. 그리고

* **기호의 구조**
기호는 기표와 기의로 형성된다. 이 때 그 사이의 관계는 임의적이며 사회적 약속에 기반한다.

기표가 드러내는 기의는 그렇듯 닫힌 체계 안에서 '차이'의 작용으로만 부상한다고 말합니다. 의미는 차이에서 온다는 것을 기억합시다.[6]

여러분은 소쉬르가 강조한 언어 기호의 임의성과 관습성이 왜 중요한가 싶지요? 이게 우리가 잘못 갖게 되는 고정관념들과 그에 따른 부당한 각종 차별에 대한 인식을 깨닫게 해 준답니다. 예를 들어, 피부색으로 드는 '블랙'이란 기표가 지칭하는 기의가 과거 식민주의 시기에는 부정적 기의(불결이나 열등 등)로 연결되던 것, 혹은 '눈물 흘리는 남자'는 얼마 전까지 우리 사회에서 무척이나 연약하고 소심한 남성으로 여겨졌던 것 등 수도 없이 많지요. 고정관념이란 그런 것입니다. 마땅한 근거 없이 습관적으로 연결해 믿어버리는 것. 사실 이런 것이 우리가 사는 사회를 얼마나 부당하게 만드는지 모릅니다. 그러니 우리는 내가 구사하는 말이 갖는 임의성에 유의해야 하지요. 소쉬르가 설명하듯 기표와 기의의 연계는 사회적 약속인 것이지, 원래부터 그러했다거나 절대적이지 않다는 점을 주목해야 해요. 이렇듯 소쉬르의 기호 구조를 알 때 우리는 그 연계의 임의성을 인식하고, 부당한 차별이나 더 나아가 언어로 인해 왜곡되는 현상에 경각심을 갖게 됩니다. 그리고 또 하나. 이러한 기호 작용이란 주어진 언어 체계 안에서의 의미관계이며 그 체계를 벗어나면 작동하지 않는다는 것을 생각할 때 우리가 속한 사회의 중요성을 깨닫게 됩니다. 개인은 사회에서만 그 의미를 확인받을 수 있다는 건데, 이것이 구조주의와 후기구조주의의 공통 전제이기도 합니

다.[7]

'사회가 곧 의미의 네트워크다society = signifying network'는 것은 소쉬르에서 발단하여 후기구조주의자들이 모두 동의하는 점이에요. 여기서 사회와 연관해 우리에게 주어진 리얼리티와 언어의 관계를 볼 때, 소쉬르의 기호학은 해트와 클룽크가 말했듯, "언어가 리얼리티를 단순히 묘사하기보다 오히려 리얼리티를 만들어내고 구성한다"고 제시하는 쪽에 가깝습니다. '반反리얼리즘'이라 불리는 이 입장은 리얼리스트들처럼 세상의 사물이나 사건들이 우리의 인식과 상관없이 이미 어떤 방식으로 존재하는 것이라 보지 않는다는 것이죠. 이들은 "세계는 그것을 어떻게 인식하느냐에 따라 달리 존재한다"고 본다는 겁니다.[8] 결국 리얼리티의 실재성보다 우리가 관여하고 또 규정되는 의미작용이 문제라는 말이지요. 소쉬르가 제시한 기호 체계는 아래와 같은 도식으로 나타낼 수 있습니다.

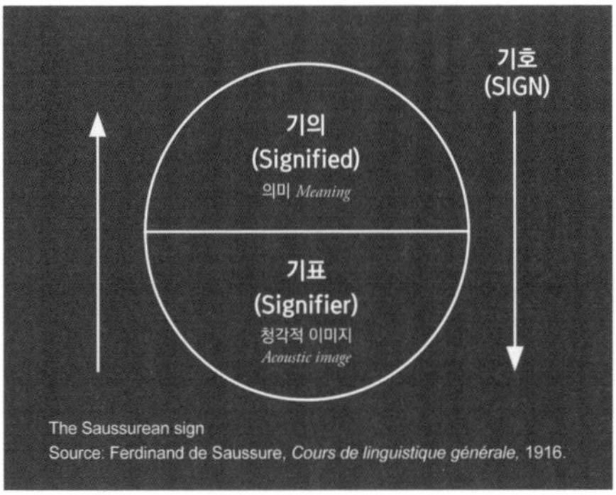

소쉬르에 따른 기호의 구조[9]

앞의 간단한 도식을 통해 우리는 기호를 구성하는 기표Signifier와 기의Signified가 일단 연계되면 하나의 원을 구성하듯 완전히 맞물려 그 의미가 확정된다는 것을 알 수 있습니다. 기호의 구성에 틈이 전혀 없어 그 연계성에 이론異論의 여지가 없다는 것이에요. 그리고 기의가 기표보다 위에 있음을 주목해야 하지요. 소쉬르는 기표보다 기의에 우위성을 두었는데, 이러한 소쉬르의 도식은 구조주의적이고 모더니스트적인 의미구조라 할 수 있습니다. 이를 후기구조주의 기호 체계와 비교하면 중요한 차이를 보이게 됩니다.

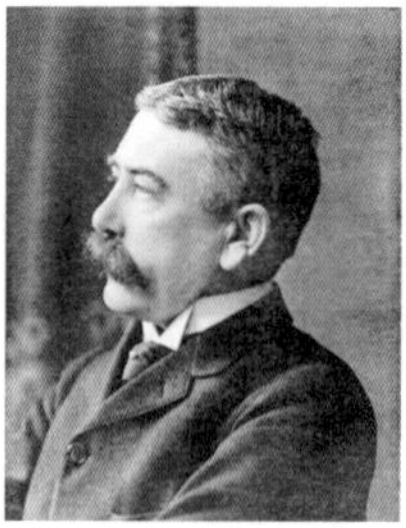

페르디낭드 드 소쉬르

라캉, 소쉬르의 도식을 전복하다

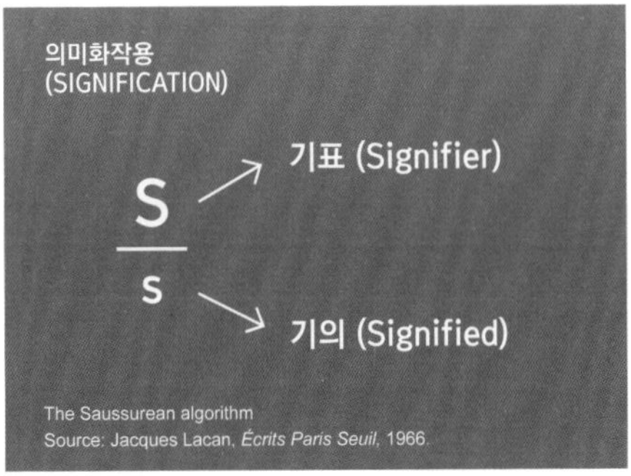

라캉에 따른 기호의 구조(소쉬르적 알고리듬)[10]

그런데 후기구조주의자 자크 라캉Jacques Lacan, 1901~1981은 소쉬르의 기호 도식을 위와 같이 뒤집습니다. 위 표에서 보는 대로 라캉은 소쉬르와 반대로 기표를 기의 위에 올려놓고 기표를 대문자로, 기의를 소문자로 표기해 기표의 특권화를 부각시켰지요. 그리고 결정적 차이로, 하나의 원으로 묶여있던 둘 사이의 얽힌 관계를 제거해 버렸습니다. 기표와 기의 간의 안정적, 고정적 관계는 더 이상 존재하지 않는다는 것이지요.[11] 이는 라캉을 위시한 후기구조주의자들의 전반적 기호 체계라고 할 수 있고 그들의 이런 사고방식을 잘 보여줍니다. 즉, 어떠한 기의도 그것을 담보할 수 있는 하나의 기표와 안정적으로 맞물릴 수 있다고 생각지 않습니다. 결과적으로 닫힌 구조가 완전히 열린 것입니다. 예컨대 우리가 소위 어떤 개념을 나타내려 기표를 찾을 때, 그 의미화 작용에서 기의가 주도적이 아니라 기표가 더 우월한 역량을 발휘한다는 것이에요. 1960년대부터 본격화된 포스트모더니즘 이후 우리는 '수사修辭: rhetoric'의 중요성을 경험하고 있지 않습니까? 어떤 실제 사건이나 일어난 현상보다 이에 대한 수사, 즉 어떻게 언어로 표현되는가에 관심을 갖는 겁니다. 오죽하면 국내 대학의 학과 명칭에 '스토리텔링storytelling' 학과가 있을 정도일까요? 그러니까 여기서의 관건은 '무엇이 진리인가'가 아니고, '진리를 어떻게 나타낼 것인가'란 말이지요.

어쩌면 이런 식의 생각이 세상을 살아가는 겸손한(?) 태도가 아닌가 싶기도 해요. 누가 진리를 알 수 있으며 감히 거기에 접근할 수 있을까요. 유일하게 가능한 존재는 신이겠지요. 그러나 지구상의 어딘가(특정 공간)에서 어느 역사적 시점(특정 시간)을 살고 있는 우리로서는 누구도 중립적이거나 진공상태에 있는 듯한 온전한 견해를 가질 수 없습니다. 통시적으로 전관全觀할 수 없기 때문에 정도의 차이는 있지만 누구든 편파적일 수밖에 없는 것이에요. 라캉의 열린 도식은 소쉬르의 닫힌 도식에 비해 비결정적이고 불안정한 체계를 보입니다. 이 구조를 통해 라캉은 소쉬르 기호의 구조에서 비롯된 의미는 결정적이고 안정적으로 여겨졌으나 실상 그 기호의 체계 자체에 그럴 만한 근거가 없다는 것을 제시합니다. 소쉬르가 제시한 기표와 기의 사이의 관계가 내적 연관성 없이 임의적이며 단지 사회적 약속이라는 점을 알게 될 때 우리는 라캉의 도식을 수용하게 됩니다. 라캉은 소쉬르 기호학의 구조가 가진 문제점을 제대로 드러내 준 것이지요.

그리고 소쉬르가 제시한 의미작용이 그 사회가 가진 닫힌 시스템 속에서만 통용되는 차이라는 것을 깨달을 때 라캉의 기호 체계에서 일종의 해방감을 얻게 되는 것입니다. 후기구조주의가 제공하는 인식의 해방emancipation이지요. 나를 규정하고 제한하는 우리 사회의 한계를 알게 되고 또 다른 사회를 돌아보면서 비로소 우리는 사회가 어떻게 돌아가는지 이해하게 됩니다. 나를 속박하는 의미 체계가 절대적인 게 아니라는 점을 알면 그만큼 개인의 자유를 인식할 수 있는 것이고요. 그런 관점에서 보면 자유는 결국 내 인식에 달려 있다는 것입니다. 라캉 도표에서 기표와 기의 사이에 위치한 분수 표시는 소쉬르의 기표와 기의의 닫힌 연계에 대한 저항 및 균열을 뜻하는 것이에요. 소쉬르의 도식에서 보았던 기표와 기의의 내재적 연관성은 끊어진 겁니다.

언어에만 국한되는 소쉬르의 기호학과 달리, 라캉이 기호 도식을 통해 보여준 기표의 강화는 시각계에서도 중요한 분석틀을 제시해 주었습니다. 생각해 봅시다. 언어든 시각이든 간에 통틀어 우리가 무엇을 '나타낸다represent'는 말을 합니다. 대상을 어떤 방식으로든 드러내는 것이지요. 이때 모사, 즉 미메시스mimesis를 전제로 나타내는 것을 우리는 특히 **'재현'**이라 번역합니다. 그런데 1960년대 이후 포스트모던 사상에서는 '재현'이란 말보다 '표상' 이란 말이 더 적절합니다. 왜냐고요? 그건 현대미술에서 실제 대상을 똑같이 묘사해 나타내는 작업이 더 이상 대세가 아니기도 하지만, 그보다 더 중요한 건 라캉식의 기호학적 사고가 개입되기 때문이지요. 기표의 강화 및 특권화로 인한 것입니다. 다시 말해, 이제는 더 이상 대상 혹은 대상의 기의를 '투명하게' 나타내는 기표란 존재하지 않는다고 보는 겁니다.

물론, 이전의 전통 회화에서는 세상을 투명하게 나타낸다고 믿었었죠. 예컨대 풍경화의 경우, 르네상스 이후 전통적 인식은 화가가 세상을 투명한 창문으로 보고 똑같이 그린다고 하는 '창문 시각window perspective'으로 일컬어져 왔습니다. '그대로 옮긴다'는 모사의 인식에는 보여지는 장면과 이를 나타내는 기호(풍경화)를 떼려야 뗄 수 없는 관계, 즉 직결되고 고정된 관계로 보는 것이지요. 이는 시각적으로는 '투명성transparency'이 전제된다고 말합니다. 이러한 르네상스의 전통적 원근법 시각을 '투명 창'으로 은유하는 것은 시각적으로 외부에 실제의 진리를 상정하는 것입니다. 마치 유리창문으로 보듯 모든 사람이 보편적으로 인식하는 객관적인 실제가, 그 시각적 진리가 이미 존재한다고 믿는 겁니다.[12] 화가(관람자)는 이를 그저 수동적으로 수용하는 것이고요. 전통적 시각에서는 세상을 개인 주체마다 다르게 보는 게 아닙니다. 이를 기호학의 언어로 표현한다면, 보여지는 대상이나 장면에 대한 시각적 기호에 자율성이 없다는 뜻입니다.

그러나 19세기 중반 소위 모던 아트가 시작된 시기부터 우리는 작가 주체를 이야기합니다. 그리고 주어진 대상이, 보이는 세상이 개인 주체의 눈에 다르게 보이는 것을 이해합니다. 보는 방식의 다양성은 기호적으로 대상이나 장면에서 분리된 시각적 기호의 강화라 말할 수 있습니다. 작가가 개인 주체로서 자유로운 표현을 주도하게 되는 체계인 바, 이는 주체의 자율성을 가져오는 것이지요(라캉을 포함한 후기구조주의가 인식의 해방을 초래했다고 말하는 근거가 여기 있습니다).

서양미술사에서 에두아르 마네 및 인상주의자들을 모던 아트의 시작으로 볼 때 이들이 구현한 개인 주체의 시각은 전통적인 창문 시각에서 벗어난 것이었지요. 즉 투명한 유리창으로 들여다보듯 누구나의 눈에든 동일하게 보이는 객관적 시각이란 없다는 점을 깨달은 것입니다. 각자의 눈으로 세상을 보는 것인데, 이를 은유적으로 '반투명한semi-transparent' 막을 사이에 두고 세상을 본다고 말합니다. 즉, 누구든 각자의 의미 체계로 세상을 본다고 상정하는 것이에요. 그런데 이건 정말 맞는 말 아닙니까? 우리는 우리가 속한 사회와 역사의 좌표축에 위치하며 세상을 보게 되는데, 이 세상은 이미 내 관점으로 구성된 의미망에 의해 보여지는 것이지요. 그런 뜻에서 내 눈 앞에 기본적으로 반투명 막을 두고 세상을 보는 셈입니다.

비유하자면 평생 벗을 수 없는 색안경을 끼고 보는 것이라 할 수 있는데 이는 부정적이기도, 또 긍정적이기도 한 양면성을 갖지요. 즉, 한편으로는 개인적 자율성이자 기호의 해방이기도 하고, 다른 한편으로는 누구도 중립적 입장에서 객관적 진리에 도달할 수 없는 결정적 한계이기도 한 겁니다. 르네상스 이후 전통 미술에서 19세기 모던 아트로 이행되는 가장 중요한 특징이자 미술사에서 핵심이 되는 부분입니다. 말하자면, 모던 아트의 시작과 함께 우리가 세상을 볼 때 '반투명한 막'을 사이에 두고 본다는 인식이 동반된 것입니다. 이러한 인식은 모더니즘을 지나 포스트모더니즘의 오늘날에도 여전히 유효한 시각에 대한 각성이라고 할 수 있습니다.[13]

이런 맥락에서 시각계에 대한 기호학적 설명으로 좀 더 들어가 봅시다. 만약 우리가 미술작품에 밀착된 내적 의미가 있다고 여기며 그 이미지의 기표가 나타내는 바를 그대로 수용한다면 소쉬르식 방식을 따른다고 할 수 있어요. 모던 아트까지 이런 식의 해석이 주도적이었다고 말할 수 있지요. 그러나 이에 비해 1960년대 이후 포스트모던 아트를 읽는 방식이란 고정된 것이 없고 여러 다양한 시각을 수용해야 한다고 생각합니다. 바로 라캉의 도식이 제시하는 것이지요. 포스트모던 작업을 볼 때 우리는 그 작품 이미지(기표)가 본유적 의미(기의)를 전달한다고 믿지 않습니다. 작가 스스로가 이를 의도적으로 제시하지 않는 경우도 많고요. 예컨대 리히터Gerhard Richter의 〈8명의 간호사들Eight Student Nurses〉(1966)이라는 작품을 볼까요?

리히터 특유의 흐릿한 방식으로 8명의 젊은 여성의 웃는 초상화들을 흑백으로 그린 작품입니다. 작품 이미지 자체는 우리에게 청춘 예찬이라든지 젊음의 행복과 여성의 아름다움 등을 관습적으

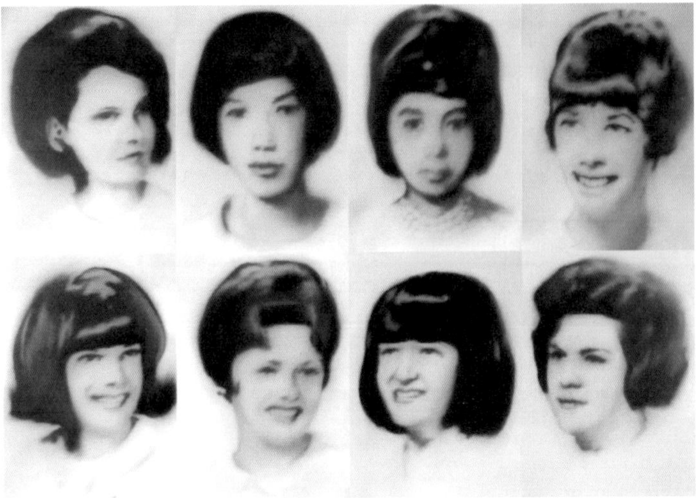

게르하르트 리히터, 〈8명의 간호사들〉, 1966, 캔버스에 유채, 8개 패널 각 95 × 70cm, 취리히 쿤스트하우스, 취리히

로 떠오르게 하지요. 기표가 가져오는 닫힌 의미 체계 안에서 보는 것 이지요. 그러나 이 그림의 모티프가 된 사건을 알고 나면 리히터의 작품이 완전히 다르게 보입니다. 이들이 같은 기숙사에서 연쇄살인범에 의해 살해된 희생자들이었다는 것을 알고나서 보면 말이지요. 리히터의 이 그림은 관습적 기의를 불러오지 않습니다. 눈에 보이는 것이 그대로가 아닌 것입니다. 여기서 기표(젊은 여성, 웃는 얼굴)와 기의(희생자, 죽음)가 분리된다는 점이 중요합니다. 관람자의 입장에서 볼 때 이미지와 그 의미가 역설적이라, 기표와 기의 사이 연결이 잘 안되는 것이지요. 다시 말해, 양자의 관계가 고정적이지 않고 비결정적이라고 할 수 있습니다.

이처럼 포스트모던 아트는 기표와 기의의 쉬운 결합을 거부합니다. 양자는 이미 결별한 것이고, 표현하고자 하는 진의에 접근하는 하나의 기표는 없다고 전제하는 겁니다. 요컨대, 우리에게 주어진 것은 '기표들의 연계망network of signifiers'일 뿐입니다. 앞서 언급했듯, 진리가 무엇인지 직접 알 수 없는 것이고, 진리를 어떻게 표상해내는가가 문제인 것입니다. 라캉이 언젠가 "언어가 전부다Language is all"라고 말한 게 바로 이를 뜻하는 것이에요. 더불어 "무의식도 언어처럼 조직되어 있다"라는 그의 유명한 말에서도 라캉에 끼친 소쉬르의 영향을 부분적으로 볼 수 있습니다. 결국 소쉬르는 "인간이 문화를 만드는 게 아니라 문화가 인간을 만든다"는 것을 제시한 셈이니까요. 요컨대 우리가 말하고 행하는 모든 것은 우리가 속해 있는 의미 체계에 의해 결정되는 것입니다.[14] 이렇듯 소쉬르 기호학이 중심이 된 구조주의는 반反인본주의적인데 개인의 의지와 자발성을 강조하는 실존주의에 반대됐던 것이지요. 소쉬르가 프랑스 사상계에 중대한 영향력을 발휘한 1950년대 후반, 특히 1960년대에는 개인보다 체계, 주관성보다 사회적 객관성에 힘을 싣는 구조주의적 사고가 주도적이었고, 이후 후기구조주의에 그 유산을 넘겨준 것입니다. 이러한 시각이 우리가 주로 공부하는 영미미술사의 사상적 기반이고 특히 1970년대 이후 출현한 신미술사의 근거인 셈이지요. 반인본주의는 후기구조주의가 구조주의를 잇고 있는 부분이기도 합니다.

퍼스는 왜 포스트모더니즘에서 환영받는가?

이제 또 다른 기호학자 퍼스를 알아보도록 합시다. 소쉬르보다 18년이나 선배였던 퍼스를 소쉬르 다음으로 다루는 데는 이유가 있습니다. 실제로 서구 인문학에서 소쉬르보다 퍼스를 늦게 재발굴해낸 것도 작용했지만, 그의 기호학은 생몰연대와 관계없이 모더니즘 시기보다 포스트모던 시기에 더 필요한 내용을 제시했다고 볼 수 있어요. 그 부분에 집중해서 살펴보려 해요.

우선 그의 체계는 소쉬르의 그것보다 기호의 종류를 다양하게 분류하여 설명했습니다. 소쉬르는 기호를 임의적으로 맺어진 관계로 설정하기에 임의적이지 않은 기호non-arbitrary sign, 즉 대상이나 객체 같은 것을 지칭할 수 있는 개념이 없었어요. 하지만 퍼스의 체계에서는 이를 '대상체object/referent'라 지칭하면서 기호 인식의 과정을 보다 정교하게 설명합니다. 그는 의미작용이란 '기호sign', '해석체interpretant', 그리고 '대상체/참조체object/referent'의 세 가지로 구성된 체계가 작동되는 것이라 말하지요. 이 의미작용의 3자구조triad는 근본적으로 기호와 대상체 사이의 존재론적 관계에 주목하는 것이고, 그 관계에서 발생되는 게 해석체라는 것입니다.

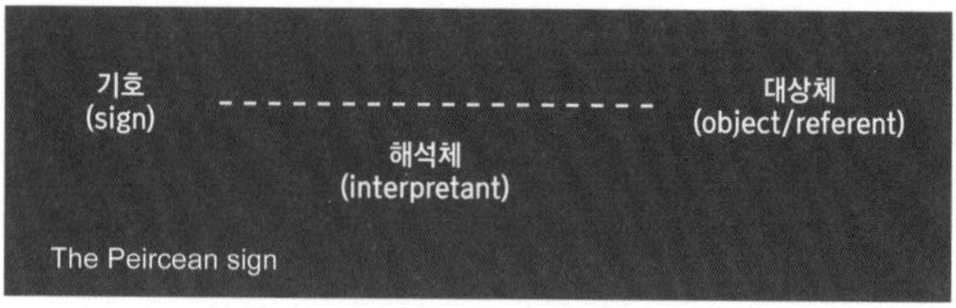

퍼스에 따른 기호의 구조

위 구조는 우리가 기호로 지시하는 실제 대상을 주목하고 그것을 해석하여 그 의미를 인식하는 과정을 보여줍니다. 여기서 거칠게 말해, 소쉬르의 기표signifier는 퍼스의 기호sign, 소쉬르의 기의signified는 퍼스의 해석체interpretant에 대응하지요. 그런데 대상체object/referent는 퍼스에게만 있는 것이에요. 퍼스의 경우, 소쉬르와 달리 리얼리스트의 입장을 갖고 의미화 이전의 실제 대상이나 리얼리티의 존재를 주목했다고 할 수 있습니다.

그리고 소쉬르와 달리 퍼스 기호학이 갖는 또 하나의 주목할만한 특징이 있지요. 소쉬르의 경우, 언어에 기초한 기호학을 구축했고 그 기호의 관습적이고 임의적인 속성을 잘 드러내 줬지만, 시각기호는 설명할 수 없었어요. 이에 비해 퍼스가 제시한 구조는 시각기호를 포함하여 미술에서 다루는 대상과 리얼리티가 어떻게 의미화되는가를 이해할 수 있게 해줍니다. 그리고 이는 임의적이거나 관습적이지 않은 영역, 즉 사회적 약속이나 문화적인 연관이 아닌 '즉자적인literal' 것까지 포괄할 수 있는 것입니다. 미술이론가에게 이 부분은 미니멀리스트의 미적 체험을 떠올리게 하는 부분이지요. 형

이상학과 지적 통합성으로 체계화된 모더니스트 미학에서 벗어나 리얼리티를 물리적으로 감지하는 미니멀리스트 미학과 통하는 부분입니다.[15]

이처럼 퍼스의 기호학이 포스트모더니즘에 잘 맞는 또 다른 이유를 찾아볼까요? 그것은 그가 제시한 기호의 분류에서 찾아볼 수 있어요. 여러분도 이미 잘 아시는 대로 icon(도상), index(지표), symbol(상징)이라는 3자구조입니다. 여기서 도상은 유사성에 근거해 대상을 지시하는 것이고, 상징은 관습적인 의미를 뜻한다고 할 수 있지요. 이에 비해 지표는 대상의 물리적 자취나 현존의 증거로 여겨지는 기호입니다. 물리적 현존을 드러내는 것으로 시각 기호를 설명할 때 특히 많이 활용되는 개념이지요. 특히 사진 담론에서 본격적으로 참조하여, 사진이 중요하게 부상된 1970년대 중반 이후 미술 담론에서는 퍼스의 지표 개념이 언급되지 않는 경우가 거의 없을 정도니까요.[16] 지표는 존재적 연계이자 떼려야 뗄 수 없는 물리적 관계를 지칭하는 개념이지요. 이는 위에서 언급했듯, 퍼스에게서 존재 및 현존에 관심을 둔 리얼리스트로서의 면모가 느껴지는 지점이기도 합니다. 소쉬르와의 차이가 확연한 대목이지요.[17]

요컨대, 퍼스의 기호학이 미술사, 미술이론에서 유용한 이유는 시각계의 다양한 종류의 기호를 분류했다는 것과 그 인식의 과정을 분석했다는 것임을 알 수 있지요. 그런데 제가 특히 강조하고자 하는 바는 퍼스의 지표 개념이 미술사의 사진 담론에 결정적 단초를 준 것이야말로 포스트모던 미학의 탈환영disillusionment, 탈신화demythification와 연결해서 생각할 수 있다는 점이에요. 이 점이 중요하니 집중해 봅시다. 존재의 흔적과 자취는 당연히 임의적이지 않고 물리적으로 연결되어 있지요. 예컨대 벌레가 갉아먹은 잎사귀의 구멍, 진흙땅에 남겨진 발자국이나 종이의 지문 등을 보세요. 공통점으로는 그 흔적을 만든 인자(벌레, 발, 손가락)가 현재는 없지만, 그 존재는 과거에 분명히 있었던 것이지요. 시제를 달리할 뿐, 그 과거의 존재는 현재의 부재와 직결되어 있습니다. 이 오묘한 관계를 드러내는 하나의 기호개념을 만들 생각을 했다는 게 놀랍지 않습니까? 지표라는 개념으로 인해 우리는 잎을 뜯어 먹었던 벌레, 진흙을 밟았던 발, 종이를 꾹 눌렀던 손가락을 확신할 수 있는 물리적 근거를 갖게 된 것이지요. 감정이입이나 환영적인 게 아니라 실제 대상과 그 자취(흔적) 사이의 관계를 드러내는 것입니다. 특히 사진이란 매체가 이 지표성을 보여주는 것입니다.

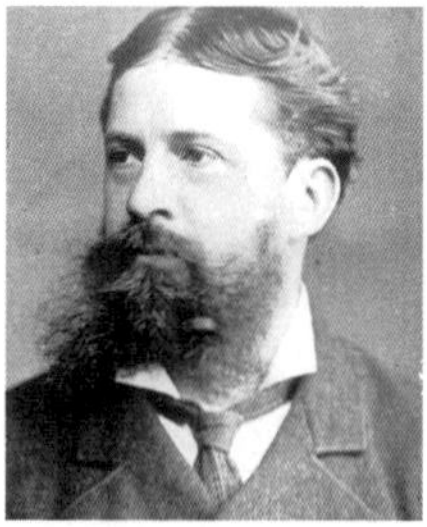
찰리 샌더스 퍼스

1970년대에 사진은 현대미술의 주류로 들어오게 되는데 그 이유는 무엇이었을까요? 그것이 사진이 포스트모더니즘에서 중시한 삶의 실재성을 다루는 적절한 매체였기 때문입니다. 1960년대부터 본격 시작된 포스트모던 아트는 이전 모더니즘에서 추구했던 시각적 환영과 미적 승화에서 벗어나, 일상적 삶의 리얼리티를 드러내고 그 가공되지 않은 실재성에 주목하기 시작했습니다. 현실의 삶은 모더니즘에서 추구한 것처럼 이성과 합리에 기반해 돌아가지 않는다는 괴리감과, 모더니즘의 시각중심주의에 입각해 미적 승화를 보여주는 것만으로는 부족하다는 인식이 압도적이었습니다. 예술은 삶에 더 파고들어야 했고 아름다움은 작품이 다뤄야 할 일부에 지나지 않았던 거였지요. 포스트모던 작업에서 다룬 많은 모티프가 폭력, 고통, 트라우마, 죽음 등을 나타낸 것에는 이유가 있었던 겁니다. 모더니즘에의 반작용이었다고 할 수 있지요. 1960년대에서 1970년대에는 개념미술과 함께 특히 기록 및 문서화 작업이 많았는데, 이때 사진이 많이 활용됐지요. 모더니스트 아트의 이상화와 미적 승화는 실재와 멀게 느껴졌고 리얼리티의 '날 것'을 보여주는 사진이 중요 매체로 부상됐습니다. 사진 매체가 독자적으로 담보한 지표성이 실재의 자국이자 현존의 자취를 드러내고 그 과정에 해석이나 미화, 신화화를 벗겨낼 수 있다는 점을 주목했던 겁니다. 바로 이점이 롤랑 바르트Roland Barthes, 1915-1980가 강조한 '탈신화화'를 사진과 연결해 이해할 수 있는 대목입니다.

바르트: 사진에의 관심, 신화에의 각성, 저자의 죽음

이처럼 사진이란 매체의 특정성을 집중 연구한 이론가가 바르트입니다. 사진 이미지는 사진을 찍을 당시 카메라 앞에 있던 피사체의 존재를 확인해 줍니다. 바르트는 카메라의 기계성으로 참조하는 대상의 실체를 전사해 전달하는 사진의 '지시적 의미'에 주목했어요.[18] 잘 알려진 그의 말 '코드 없는 메시지a message without a code'가 사진의 이런 특성을 잘 나타냅니다. 바르트의 사진에 관한 관심은 기호학자인 그가 기호의 메커니즘을 연구하면서 자연스레 부상한 것이지요. 그의 연구에서 사진은 후기에 다뤄집니다. 『카메라 루시다: 사진에 대한 성찰』(1980)은 그의 마지막 저서였지요.[19] 여기서 기호학자 바르트의 이론적 핵심을 간략히 살펴볼 필요가 있습니다.

그의 초기 연구는 구조주의 기반의 문학과 대중문화에 대한 분석이었고 소쉬르의 영향이 컸습니다. 그래서 언어학적 기호를 임의적 기표로 이해하고 그 의미는 언어(랑그) 내의 차이에 의해 결정된다는 인식에 기반했지요. 언어에 작용하는 신화를 분석한 그의 기호학적 구조는 다음와 같습니다.

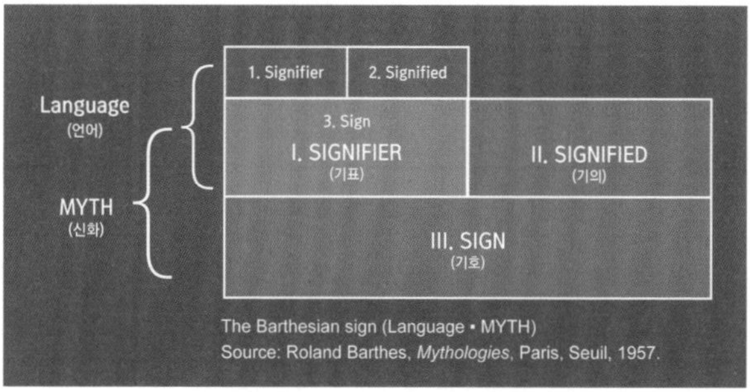

바르트에 따른 기호의 구조(언어•신화)[20]

위에서 알 수 있듯, 신화는 1차적으로 이미 기호(3. Sign)가 된 것이 다시 기표(I. SIGNIFIER)로 구성된 2차 언어이기에 '메타언어'라고 불립니다. 바르트는 이 과정에 작용하는 이데올로기의 메커니즘을 기호적으로 밝혀 비판적 인식을 불러왔어요. 이데올로기란 사회적·역사적 입장이 개입된 의식의 체계, 즉 정향성을 지닌 이념으로 언어의 기호를 통해 작용하게 됩니다. 바르트의 분석은 그처럼 기호 시스템을 통해 작용하는 이데올로기를 주목하게 만들지요. 그리고 우리 자신도 모르게 이끌리게 되는 이데올로기의 작용에 거리두기를 하게 합니다. 그 과정에서 이데올로기에 기반하는 기호관계가 어떤 인과관계나 필연적 연관이 아니라, 사실 임의적이라는 점을 직시하게 만드는 겁니다. 의도적인 개입이 가능하다는 뜻이지요. 때문에 우리는 누가 어떤 정파적인 의도를 갖고 언어에 개입하여 그 이념의 방향대로 우리의 생각을 조정할 수 있다는 가능성을 고려해야 합니다. 따라서 바르트의 기호 구조는 우리의 의식을 깨어 있게 하는 셈이지요.

이러한 초기 연구에 비해, 1960년대 후반부터 바르트의 후기 연구는 후기구조주의 사유에 동조하면서 의미구조와 텍스트에 대한 분석을 반反권위적이고 반反인본주의적으로 모색합니다. 그리고 기표와 기의 간에 자연스럽게 연관된 구조적 관계를 거부하고, 확정적 의미와 진실을 전제하는 구조주의적 입장에 의문을 제기하게 되었어요. 프랑스 파리 68혁명과 같은 해에 출판된 그의 『저자의 죽음』(1968)은 후기구조주의를 기반으로 한 포스트모더니즘 사유를 주장합니다. 이로써 저자의 주도적 역할과 권위, 그리고 작품의 의미를 총괄하게 만드는 저자의 의도를 감소시키지요. 알다시피 저자의 죽음은 바로 독자의 탄생을 가져오게 되는데, 이는 '텍스트text'에 대한 새로운 인식과 직결돼 있어요. 텍스트란 저자의 작품work에 대응해 바르트에 의해 재조명된 것인데, 그는 '저자-작품author-work'의 총합체에 대해 '독자-텍스트reader-text' 구조로 바꾸어 제시합니다. 『작품에서 텍스트로』(1971)나 『텍스트의 즐거움』(1976)이 그 의미를 부각시킨 연구들입니다.[21]

따라서 포스트모더니즘에서 강조하는 독자의 독해reading란 단순히 자의적인 것이 아니라, 텍스트의 기호적 분석과 연관해 생각해야 하는 것입니다. 그러니까 독자가 무척 똑똑해야겠다는 생각이 들지 않나요? 우리가 쉽게 얘기하는 저자에서 독자로, 혹은 작가에서 관람자로의 이행이란 말은 실상 그리 간단치 않아요. 포스트모던 시대의 독자(관람자)가 의미의 자유, 인식의 해방을 얻는 건, 그에 해당하는 역량과 지적 책임이 동반돼야 하는 것이니까요. 언제나 그렇지 않습니까? 자유는 결코 대가 없이 주어지지 않는 겁니다.

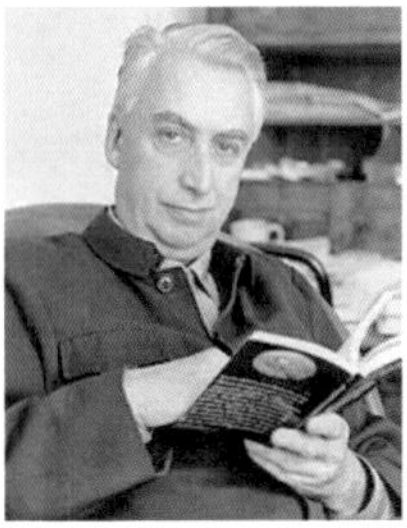

롤랑 바르트

언어의 한계와 그 의미화 역량의 확장

이쯤에서 잠시 숨을 고르며 언어에 대해 다시 생각해 보기로 해요. 특히 우리가 다루고 있는 후기구조주의와의 관계에서 말이지요. 우리 자신 즉 주체와 사회의 관계는 언어로 이뤄집니다. 라캉을 포함한 후기구조주의자들이 공통적으로 "언어가 전부"라고 입을 모으는 데는 이유가 있는 것이지요. 물론 우리 주체의 인식과 감성에는 당연히 언어가 나타낼 수 없는 부분들이 많습니다. 특히 극단적 신체 체험이나 무의식의 영역 등을 고려하면 우리가 스스로를 언어로 표상할 수 있는 건 빙산의 일각이라 말해야겠지요. 그러나 삶의 영역에서 실제로 작용하는 건 우리가 맺는 타자들과의 관계 및 사회 영역에서 언어로 가능한 것들입니다. 우리의 사고, 감성, 체험 모두 언어화되어야 공유하고 소통할 수 있으니까요.

그리고 언어가 명명하지 못하는 영역에 대해서까지 언어화하려는 시도들이 진행돼왔습니다. 이는 이론가들이 하는 일인데, 즉 이전까지 이름 짓지 못했던 것에 개념을 고안해 내는 것입니다. 이를테면, 크리스테바의 '기호계the semiotic', 칸트의 '물자체the thing-in-itself', 라캉의 '실재계the Real', 바르트의 '푼크툼punctum' 등 너무도 많지요.[22] 이론가들의 개념들은 이렇듯 기존의 언어망에 걸리지 못하던 것들을 상징계 안으로 들여오는 시도라 보면 됩니다. 즉 기존 언어의 한계를 벗어나 그 의미화의 역량을 넓혀 나가는 일이라 할 수 있지요.

다시 "언어가 전부"라는 라캉의 말로 돌아와 봅시다. 이는 그 말의 액면인 언어중심주의에 추가해 우리의 현실에서는 언어로밖에 소통되지 못한다는 일종의 한탄조가 섞인 것이라고도 할 수 있어요. 구조주의와 달리 후기구조주의는 언어를 통해 인식할 수 없는 영역을 인정하고 이를 다시 확장된 언어로 표현하려 합니다. 양자는 언어의 중요성을 피력하는 점에서는 공통점을 갖지만, 후자는 기존 언어의 근본 속성에 대한 비판과 그 한계에 대한 문제의식, 그리고 의미 영역의 확장 등에서 차이를 갖습니다. 그렇기 때문에 기호학에서 후기구조주의자의 공헌이 큰 것이지요.[23]

라캉이 언어를 강조한 말에는 더 잘 알려진 어구가 있어요. "무의식은 언어처럼 조직되어 있다The unconscious is structured like a language"라는 말이지요.[24] 꿈도 자기 맘대로 꾸지 못한다는 뜻이라 할까요.

다시 말해, 의미의 세계에서는 나 혼자만의 독자 영역이란 존재하지 않는다는 것입니다. 극단적으로 '언어=사회'라 보면 되지요. 모든 것은, 무의식마저도 언어라는 사회적 의미 체계 속에서 조성된다는 겁니다. 무의식까지 언어로 들여온 것은 상당히 파격적이지요? 이에 비해 소쉬르나 퍼스는 의식까지만 기호와 연결시켰던 것이므로, 라캉은 이들보다 과감히 확장된 기호체계를 상정했다고 말할 수 있어요.

그렇다면 기호학에서 우리가 다룰 마지막 학자인 자크 데리다 Jacques Derrida, 1930-2004의 경우는 이제까지 이야기한 내용과 어떻게 연결될까 생각해 봅시다. 데리다는 라캉과 마찬가지로 기표의 특권화를 잘 보여줍니다. 예컨대 '사랑'이라는 의미를 데리다의 방식대로 생각해 봅시다. 여기엔 수많은 기표들이 존재합니다. 하트, 빨간색, 초콜렛, 선물, 키스, 연애, 결혼 등등. 이런 기표들이 사슬처럼 연계되어 '사랑'이라는 기의로 접근해간다고 할 수 있어요. 소쉬르처럼 하나의 기표가 하나의 기의와 1:1로 결합하는 방식이 아니지요. 그런데 생각해 보세요. 데리다의 방식으로 보면 기호의 작용이란 기표의 의미사슬을 따라 미끄러지며 기의에 가까이 가는 것이고, 완벽히 도달할 수 있는 결정적 종착점이란 가능하지 않은 겁니다. 관건은 '얼마나 가까이 다가가는가'하는 정도의 문제인 것이지, 기표가 기의에 온전히 닿을 수는 없다는 생각이 그 근저에 깔려 있는 것이지요.

데리다, 언어를 의심하다

데리다는 후기구조주의자로 언어의 불안정성을 가장 본격적으로 드러낸 학자라 할 수 있습니다. 언어의 자기비판이라 말할 수 있는데, 일반적으로 '해체주의'라고 부르지요. 그가 제시한 개념들 중 특히 유용한 몇 가지 기제들이 있습니다. 우선 '말소抹消 하에 두기 sous rature; under erasure'라는 것입니다.

예를 들어 봅시다. 다음 페이지에서 보듯, 그는 'Being존재'이라는 기호를 엄밀히 표기하려면 말소의 표시인 'X'를 그 기표 위에 얹어야 한다고 제시합니다. '말소 하에 두기'를 통해 데리다는 기호를 차이의 구조로 본다는 것을 나타내지요. 즉 기호의 반은 그것이 뜻하는 기의이고 나머지 반은, 말소의 표시인 'X'를 그 위에 얹듯, 항상 '그것이 아니다'가 포함돼 있다고 설명합니다.[25] 'Being'이라는 기호는 그 순수한 기의를 100% 담보할 수 없다는 말입니다. 여기서 'X'는 'Being'의 순수한 현존에 대한 부정, 차이, 그리고 이질성을 나타내는 표시인 셈이지요.

말이 어려워서 그렇지, 이것이 실제 뜻하는 건 그리 어려운 게 아니랍니다. 이렇게 생각해 봅시다. 우리의 생각은 머릿속에 언어로만 떠올릴 수 있고 소통도 언어로만 가능합니다. 이때 그 생각을 담는 단어(및 구절)라는 게 100퍼센트 정확할 수가 없어요. 뭔가 늘 내

의도를 빗겨가거나 미진하기 십상이지요. 그리고 구체적 대상을 벗어난 순수한 생각을 드러내기는 거의 불가능하고, 나아가 기호와 기호끼리 서로 연결돼 있어 어디까지 말해야 그 뜻이 종결되는가를 결정하기도 어렵죠. 데리다가 기호에 담겨 있다고 말하는 이질성과 차이는 이런 상태를 밝혀 주는 것입니다. 데리다는 독자적으로 순수하고 동질적인 기호란 존재하지 않고, 표현이 아무리 순수하다고 해도 지시적 요소를 언제나 포함할 수밖에 없다고 강조합니다. 어떠한 의미도 이를 가리키기 위해 사용된 표시로부터 분리될 수 없기에, "기표로부터 독립된 기의는 존재하지 않는다"고 설명하지요. 우리의 인식이나 언어에 순수 현존이 가능할 수 없다는 것은 기표들의 체계에서 탈출할 수 없다는 점이 방증하는 것입니다.[26]

데리다는 소쉬르의 구조를 정면으로 비판하면서, 기호는 언제나 거기에 있지 않은 타자의 흔적trace을 갖고 있는 것이라 했어요. 즉, 제시하는 의미를 온전히 담보할 수 없고 차이가 그 안에 늘 내재되어 있다고 주장합니다. 그런데 "기호 자체가 동질적이지 않고 차이를 갖는다", 즉 "타자의 흔적이 개입돼 있다"고 하는 게 무슨 의미일까요? 그리고 이게 우리의 언어와 인식에 어떤 결과를 초래한다는 것일까요? 이는 물론 정교한 이론으로 파고들어야 하지만, 우리가 일상적으로 쓰는 말에서도 어느 정도 설명할 수 있어요.

우리는 필요불가결하게 이 불완전한 언어를 쓰면서 자신을 드러내고 타인과 소통을 꾀해야 합니다. 그런데 문제는 20세기 중반까지 언어의 불완전성 및 그것이 가져오는 주체의 불안정성을 제대로 인식하지 못했다는 것이지요. 데리다는 이에 주목하며 해체주의를 통해 언어의 구조에 근본적으로 파고들어 비판적으로 분석해 냅니다. 특히 음성을 통한 말이 이제껏 받아온 절대적 신뢰에 대해 경종을 울렸습니다. 데리다의 음성중심주의phonocentrism에 대한 비판은 근대 주체에 대한 기존 인식을 재고하게 합니다. 즉, 그는 서구에서 주체의 현존에 대한 근거를 말speech에서 찾는다는 점을 예리하게 지적하고 그 허점을 조명했어요. 예부터 말하기speaking는 쓰기writing에 비해 주체의 현존과 직결된다고 보아 왔는데 이는 서구뿐 아니라 우리 사회도 마찬가지에요. 의미의 매개체로서 음성은 특권을 부여받아왔고, 또 음성이 가장 직접적인 자기 현존에 대한 증거로 제시돼 온 게 사실입니다.

우리가 추앙하는 사람이 있다고 칩시다. 예컨대, 데리다 말기에 프랑스에서 직접 그의 강연을 가까이서 들었거나 그와 대화를 해 본 사람은 그가 직접 음성으로 전달한 내용 및 그 의미를 거의 100퍼센트 믿고 받아들이지요. 발화자의 현존과 그 음성을 통해 전달된 말은 거리가 없다고 보니까요. 내가 입으로 내뱉은 날말들은 나로부터, 즉 나의 진실한 실제 존재로부터 나온 것으로 여겨집니다. 그리고 주체의 내면을 간접적으로만 상징화하는 글에 비해 말은 그 심층적 내면과 직결돼 있다고 믿는 것입니다. 그러나 데리다는 이러한 믿음을 해체하면서, 사람들은 마치 스스로를 자발적으로 표현할 수 있고 자기 존재의 내적 진실을 드러내는 매체로 언어를 구사할 수 있는 것처럼 가정한다고 예리하게 지적합니다.[27]

내 자신이 말할 때 그 언어의 담지자인 내가 진정한 나를 드러낸다고 여기지만, 실상 그렇지 않을 때가 적잖이 있지 않습니까? 말하기는 종종 나의 현존과 겉돌고, 오히려 '쓰기'가 나의 진정성을 더 잘 드러낸다고 여긴 적은 없던가요? 많이들 느낄 겁니다. 그리고 사회에서 그러한 음성중심주의에 호소하는 영역이 특히 정치판이라고 할 수 있지요. 우리는 정치인들 중 발화자의 현존과 무관하게, 목적과 각본에 따라 영혼 없이 말하는 사람들을 자주 목격하게 되지 않던가요?

데리다는 이와 같이 말과 현전의 등식이 갖는 허점을 파헤치고, 말하기보다 근본적이고 또 중요한 쓰기writing를 강조합니다. 엄밀히 '근원적 쓰기arche-writing/archi-écriture'라고 명명하는 게 더 정확합니다. 이는 말하기와 대립적 의미에서의 글쓰기가 아닌, 그보다 더 다층적이고 심오한 영역이라 할 수 있어요. 이 부분의 이해가 사실 어렵습니다. 데리다의 근원적 쓰기는 비단 말-언어에 해당하는 게 아니라 여백 및 공간과 연결되어 있거든요. 이는 이미지의 공간, 추상적 의미의 공간을 가리킵니다. 우리가 데리다를 미술작품을 읽어내는 데 활용하는 근거입니다.

그렇다면, 왜 말보다 글쓰기가 더 섬세하고 깊고 진정성을 담보하고 있다는 것일까요? 이를 설명하기 위해서는 데리다가 쓰기의 속성에 대해 새로이 제시한 '차연différance'이란 개념을 다뤄야 하지요. 이 단어는 '다르게 하기differing'와 '연기하기deferring'를 조합하여 만든 것입니다.[28] 결론부터 말하자면, 데리다는 차이란 '말'이 아닌 '글'에서 드러난다고 제시했습니다. 이를 위해 그는 발화하면 동일한 소리로 들리지만 쓰기를 했을 때 그 차이가 드러난다는 것을 설명했어요. 데리다는 아주 단적인 예를 듭니다.

l'écriture **et** la différence	글과 차이
L'écriture **est** la différence.	글은 차이다.

위 두 문장은 불어 발음으로 읽을 때 같은 음이 조성되어 두 문장의 차이가 드러나지 않습니다. 하지만 글로 써놓으면 그 차이를 명백히 볼 수 있어요. 여기서 음성언어가 드러내지 못하는 차이를 문자언어가 드러낸다는 점을 알 수 있지요. 이때 쓰기에서 드러나는 차이는 해체주의적인 차이이고, 작품work이 아닌 텍스트text라는 의미 공간을 표시한다고 데리다는 설명합니다. 텍스트상 공간이라는 것은 언어적으로는 의미 공간, 시각적으로는 이미지가 놓여있는

공간 혹은 그 여백을 뜻하는 것으로 이해하면 됩니다. 따라서 데리다는 차연이란 개념을 통해 말하기보다 쓰기의 역량을 돋보이게 한 것입니다.[29]

저는 나이가 들수록 데리다의 생각이 점점 와 닿아요. 전에는 음성을 통해 대면하여 강의하는 게 생각과 정서를 가장 잘 전달한다고 여겼는데, 이제는 대중 특강을 포함한 대면 강의를 별로 하고 싶지 않답니다. 일회적이고 단편적이라는 생각이 들어서요. 더구나 말은 휘발성이라 남지도 않고요. 녹화된 것이 인터넷에 돌아다녀도 그건 브랜드가 같은 냉동식품이랄까요. 시간을 얼려, 같은 것을 반복하는 것이니까요. 그래서 쓰기에 더 열중하게 되나 봅니다. 출판을 위한 글쓰기는 물론이고, 스케치나 그림을 긁적거리는 것도 종종 합니다. '텍스트의 공간'을 확보하려는 의도라 할 수 있겠죠. 여기서 저는 여러분에게 데리다의 쓰기란 문자언어만이 아니란 점을 강조하고 있는 것이에요. 아마 제가 처음부터 글쓰기가 아니라 '쓰기'라고 표기한다는 걸 눈치챈 사람도 있을 겁니다.

데리다의 '파레르곤parergon' 개념도 위에서 언급한 '차연' 및 '쓰기'와 연관돼 있습니다. 이는 본래 칸트의 개념인데, 데리다의 책 『회화의 진리The truth of painting』에서 제시됐어요.[30] 파레르곤은 '프레임'이나 '틀'로 번역되는데 그 개념 자체가 관계적이어서 구조상 양쪽에 걸쳐있는 일종의 '경첩hinge'이라 할 수 있어요. 파레르곤은 앞서 언급한 차연의 개념과 공통되는 부분이 있어요. 즉 데리다가 '공간

두기spacing'라고 설명한 부분으로, 시각적이거나 개념적인 공간에 관한 것입니다. 파레르곤 구조에서는 내부와 외부가 서로 붙어 있고, 다른 하나 없이는 나머지 하나의 존재 자체가 성립되지 않는 것이니 내부와 외부를 나누는 것은 불가능한 일이지요. 파레르곤의 개념 자체가 이분법을 해체하는 것입니다.

예를 들어 봅시다. 시각적으로 네모를 먼저 인식하려면 네모의 외부를 설정해야 네모가 성립되는 것 아닙니까? 이때 프레임 안은 그 밖에 의존하고 또 반대로 밖은 안에 의존하기도 합니다. 또한 개념적으로도 A는 A가 아닌 것을 알아야 규명될 수 있는 것이지요. 따라서 이분법적으로 A와 A 아닌 것으로 분리시키는 게 아니라, 양자의 상호 의존적 관계를 밝혀주는 개념인 것입니다. 미술작품만 해도, 과거에 우리가 작품에 대해 생각할 때 내부와 외부, 오브제와 배경을 나눠서 봤던 게 일반적이었지요. 그러나 데리다는 그렇게 분리할 수 없다고 주장하는 겁니다. 내부의 의미는 경계가 있기에 가능하다는 것이지요. 그러니 외부와 내부가 상호 의존적이라는 설명이 맞아요. 요컨대, 데리다의 파레르곤은 우리의 사고가 명확한 구분으로 작동되는 게 아니고, 인식 구조의 안과 밖, 개념의 내부와 외부 사이 경계가 결코 이분법적이지 않다는 것을 보여줍니다.

미술작품을 구체적으로 들어 말한다면, 파레르곤은 작품의 프레임이라 할 수 있는데 이 작품의 틀은 작품이 걸린 벽과 대비되어서는 작품의 일부로 여겨지고, 작품과 대비되어서는 벽을 포함한 배경으로 간주된다는 것입니다. 서로 떼려야 뗄 수 없는 관계이면서 비결정적인 속성을 갖고 있습니다. 이전까지 확고히 여기던 현존의 논리를 해체하는 개념입니다.

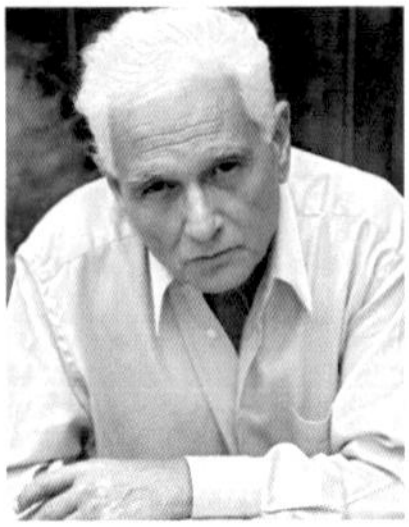
자크 데리다

이제까지 기호학의 주요 이론가들과 그 기본 개념을 간단히 살펴봤습니다. 제 강의의 의도는 우리에게 특히 필요한 이론의 핵심을 여러분에게 가능하면 쉽고 가깝게 느끼게 하려는 것입니다. 다른 개념들도 많지만 현대 미술이론, 미술사 및 문화학에서 가장 많이 쓰는 것들 중 제가 그나마 잘 아는 부분에 집중해서 설명했어요. 여행 짐을 모두 다 챙기려하면 떠나기도 전에 지칠 수 있으니, 우선

심화 발제로의 진행을 위해

필수적인 것만 꾸려서 미술을 읽는 즐거운 여정을 시작해 봅시다. 다음의 심화 발제에서는 기호학 이론을 미술사에서 활용한 미술사가의 연구를 접하고자 해요. 바로 홀바인의 작품을 분석한 크리스테바의 『검은 태양』으로 내용 자체도 흥미롭지만, 우리에겐 무엇보다 어떻게 기호학이 미술작품을 보는 시각으로 작용할 수 있는지 아는 것이 중요합니다. 이번 시간에는 언어를 중요시하는 기호학 발제를 위해 역설적이게도 반언어, 비상징이 특징인 멜랑콜리아*를 다루고자 합니다. 왜냐고요? A를 제대로 알고자 한다면 'not-A'를 알아야 한다는 역설의 논리를 상기해보세요. 그리고 멜랑콜리아가 왜 20세기 말에 와서 자주 언급되는지 주의를 기울일 필요가 있습니다. 미술사 책에서도 1980년대 말 이후 현대미술은 멜랑콜리 단계로 접어든다는 말이 구체적으로 서술될 정도로 멜랑콜리라는

* **멜랑콜리아**
우울depression의 학술적 용어는 '멜랑콜리아melancholia' 내지 '멜랑콜리melancholy'이다.

사실 서양미술사 전통에서 멜랑콜리아는 중요한 위상을 점하고 있지요. 궁금하다면 르네상스 시대 판화인 뒤러Albrecht Dürer, 1471-1528의 〈멜랑콜리아I〉(1514)과 그 논의를 중심으로 공부해보세요. 고대로부터 멜랑콜리아(우울질)를 인간의 네 가지 기질 중 하나로 보는 설도 있었다니 흥미롭지 않습니까? 그 내용은 『세잔의 사과』 1장에서 다뤘으니 이를 참고하면 좋겠어요.

단어는 미술의 영역에서는 이미 익숙하게 되어 있답니다.

이를 기호학적으로 설명할 때, 후기구조주의의 영향이 보편화된 20세기 말 우리가 갖는 지적 관심은 언어를 벗어난 영역 혹은 언어 이전의 영역이고, 또 언어가 작동하는 않는 상황을 향한다고 할 수 있어요. 언어가 조성되지 못하는 블랙아웃의 비언어 및 반상징의 영역은 다름 아닌 주체의 멜랑콜리 증상이 나타나는 영역입니다. 이에 대한 탐색은 결국 언어와 상징의 메커니즘을 근본적으로 인식하게 만드는 역설적 방법이 된다고 볼 수 있습니다.

이 메커니즘을 좀 더 쉬운 말로 설명해볼게요. 우울할 때 우리는 사랑할 수 없습니다. 사랑의 반대는 무관심apathy이라 하죠? 무관심은 멜랑콜리아와 통해요. 왜냐하면 우울할 때는 대상과의 정서적 분리가 일어나거든요. 자아가 대상에 흡수되지 못한채 차가운 분리의 무관심 상태가 되는 겁니다. 다시말해, 우리는 대상과의 이 정서적 분리를 극복하지 못할 때 우울해집니다. 그런데 이러한 분리나 상실을 극복하기 위해 우리에게 필요한 것이 바로 언어입니다.

정신분석학에서는 모든 인간이 성장 과정에서 겪는 보편적인 현상으로서의 '우울한 단계'를 말하는데 이는 언어를 습득하는 과정과 직결됩니다. 유아는 '최초의 타자'인 엄마에게 의존해 살아가다가 성장하면서 점차 엄마와 물리적으로 떨어질 때가 많아지게 되죠? 이것은 유아에게 극복하기 힘든 시간으로 트라우마를 유발합니다. 유아는 이 불안한 상황에 대해 언어를 습득하면서 극복해나갑니다.

프로이트에 따를 때, 유아가 언어로 진입하는 것은 상실을 대처하기 위한 것이고 가장 탁월한 방식의 대처라 할 수 있지요. 그는 상실에 대한 두 가지 태도로 애도mourning와 멜랑콜리아가 있다고 말합니다. 크리스테바는 애도에 대해, 주체가 언어적으로 상실을 '부인negation'하고서, 다시 언어로 이를 극복할 수 있다고 여기는 것이라 설명합니다. 즉 엄마를 잃어버린 것은 맞지만, 언어로 엄마를 되찾을 수 있다고 믿는 것이지요. 그러나 멜랑콜리아는 그렇지 않아요. 이 상태는 상실을 포기하지 않고 떠안고 가는 거죠. 따라서 멜랑콜리아는 '불완전한 애도'이고 반상징, 반언어적인 특징을 갖습니다. 우울할 때 우리는 말하기도 싫어지고, 시를 쓰거나 그림을 그리는 상징적 행위를 못하게 되는 겁니다. 따라서 멜랑콜리에 사로잡힌 주체가 사람들과 관계 맺기가 어려워지는 것, 대상과 분리되는 것, 따라서 누군가를 사랑하기 어려워지는 건 당연하겠죠?

그런데 여러분, 사실 사랑이라는 메커니즘은 대상과의 연관성이 높고 친밀하다는 게 그 특징이에요. 성적이고 심리적인 에너지를 '리비도libido'라 하는데, 기호학과 밀접한 정신분석학에는 리비도가 대상에 투사되는 게 사랑의 기본적인 구조라고 말해요. 주체의 근본 에너지가 관심의 대상을 향해 집중돼 둘 사이의 관계가 밀착되는 게 사랑인 거죠. 그러니 우리도 '대상 관계object relation'를 할 때 '리비도의 투여libidinal investment'에 좀 더 적극적이면 어떨까요? 이는 창작의 문제를 포함하여 인생의 의미를 풍부하게 만드는 데 가장 중요한 노력이라 말할 수 있어요.

그럼, 이제 2교시의 심화 발제에서는 언어와 미술의 영역에서 반상징인 멜랑콜리를 어떻게 다루는지 그 역설적 표현을 탐색해 보도록 합시다.

1교시 강의 후 와글와글

언어 및 기호

바르트의 '신화' 개념이 특히 와닿았다. 속기 쉬운 세상에서 언어는 이데올로기로 작용한다는 것. 어떠한 언어에 어떤 다른 의미가 숨어있는지를 늘 생각하는 현명한 리더reader가 되어 사회문화적 맥락을 이해하며 세상을 읽어야겠다. **박신희** 영상 · 애니메이션학부

나의 생각을 명확하게 표현하는 데 있어 언어를 어떻게 사용하는가도 중요하지만, 반대로 언어가 나를 만들어가고 내 행동과 무의식에 영향을 주기도 한다는 것을 배웠다. 언어의 힘을 실감하며 평소의 언어 습관을 돌아본다. **손예주** 미술사학과

"Language is all"이라는 유명한 말이, 단순히 언어를 강조한 것이 아니라 언어의 한계에 대한 한탄 또한 담았다는 것이 인상 깊다. 경험을 모두 언어화할 수 없으니 실존을 모두 확인받을 수도 없고, 실제 삶을 언어로 전부 담을 수도 없다. 그러나 우리는 결국 그러한 세상에서 살아가야 한다는 이 한탄. 나는 그간 미술 전공자로서, 제작자로서 막연히 고민해왔다. 왜 미술인가? 더 효율적인 언어를 사용할 수 없나? 이제 내 고민은 좀 더 구체화 될 것이고 해결의 실마리도 찾을 수 있을 것이다. **김제이** 회화과

라캉의 기호학은 소쉬르의 기호학과 달리 기표-기의 관계가 고정적이지 않다고 배웠다. 법학전공 학생인 나는 라캉이 부각한 '기표의 특권화'를 내가 공부해온 법학과 연결해 생각해봤다. 법학에서는 행위를 [내심의 의사], [표시의사], [의사표시](=법률행위)의 단계로 이해한다. 가령 마음에 드는 물건을 보면 가지고 싶다는 마음이 들고 사고 싶다는 마음이 든다. 이러한 내심의 의사에 사겠다고 말해야겠다는 의사, 즉 표시의사가 이어지면 비로소 "그 물건 제가 살게요."라고 의사표시를 할 수 있다. 그러나 의사표시는 다

양한 맥락에서 발생할 수 있다. 두 가지 예시를 살펴보자. 판매자의 협박으로 마지못해 사겠다고 할 수도 있고, 그냥 농담으로 한 말이라는 걸 뻔히 알았던 상대방이 곧이곧대로 우길 수도 있다. 이런 경우는 의사의 형성과정 자체에 문제가 생겼거나, 의사와 표시가 불일치하는 경우다. 민법은 내심의 의사를 고려하기 때문에 개인의 진실한 의사를 보호하고자 일정한 경우에 한해 법률행위를 무효 또는 취소할 수 있도록 하고 있다.

라캉은 기표의 기저에 존재하는 여러 기의의 가능성을 인정한다. 즉 어떤 기표를 읽을 때, 이 기표는 고정된 기의를 담보하지 않는다. 민법의 의사주의적 성격과 닮았다고 생각했다. 위의 예에서 억울한 당사자는 "협박당하지 않았더라면 안 샀을 거예요!", "말은 그렇게 했지만, 꼭 그런 뜻이 아니었고 상대방도 그걸 알고 있었어요!"라고 항변할 수 있다. 내심의 의사를 상정하는 민법은 그 말에 귀를 기울인다. 물론 민법의 의사주의가 기표의 특권과 딱 맞아떨어지는 것은 아니다. 민법은 표시주의와 의사주의를 절충한 절충주의를 취하고 있으므로 의사를 고려할 상황을 한정해두었다. 한 개인의 의사만을 고려하면 거래의 안전과 신속을 보호할 수 없을뿐더러, 자초지종을 모르는 제3자는 불측의 손해를 입을 수도 있기 때문이다. 기호학을 배우면서 민법의 의사소통 관계에 대해 좀 더 분석적 관심을 갖게 된 것 같다. 최대한 법학부

크리스테바와 멜랑콜리아

'우울'이 상징과의 단절의 결과로 나타난다는 사유가 신선하다. 사랑의 반대가 무관심apathy이라는 생각은 전에도 했지만, 이 무관심이 반상징asymbolic과 연관된다는 것은 내겐 새로운 인식의 방식이다. 이것은 라캉의 "Language is all"과 다시 연결되니, 말로 표현하는 것이 전부인 세계에서 말을 하지 못하는 상태가 멜랑콜리아로 이어지는 논리를 충분히 이해할 수 있다. 김예진 예술학과

마음 깊이 공감되는 생각이 많았다. 멜랑콜리아에 잠긴 자에게 유일한 타자는 슬픔이기에 사람들과의 관계 맺기는 실패로 돌아간다는 것. 우울하면 사랑할 수 없다는 것. 우울은 대상과의 분리감을 수반한다는 것, 등등. 언어로 들어가는 이유 혹은 근거가 "언어가 필요해서"가 아닌, "무언가를 잃어버려서" 즉 사랑하는 대상의 상실이라는 말은 그중에서도 가장 기억에 남는다. 최예은 영상·애니메이션학부

『검은 태양』이라는 역설적 텍스트는 멜랑콜리아의 모순된 상황을 은유적으로 표현하고 있다. 기호학이 정신분석학과 언어적 측면에서 접하는 지점이 흥미롭다. 박선욱 예술기획과

뒤러의 판화 〈멜랑콜리아 I〉은 천재성을 표현할 수 없음에 좌절하는 의인화된 멜랑콜리아를 통해 우울증과 창조적 영감 사이의 관계를 은유한다고 배운 적이 있다. 그래서 용어에는 익숙했지만, 그것이 왜 중요하게 다뤄졌는지는 이제 알 것 같다. 상징적 행위를 하지 못하게 되는 멜랑콜릭의 반상징적 특성은 시대를 떠나 공통적이라는 것을 마음에 다시 새겨본다. 박슬기 미술사학과

수업에서 소개된 서양의 인간 4대 기질론이 흥미로워 좀 더 찾아봤다. 뒤러가 활동하던 당시 멜랑콜리아는 병리적 증상이라기보다 신체 유동액에 따른 네 가지 기질 중 하나로 인식됐고, '성마른choleric', '침착한phlegmatic', '낙천적인sanguine'과 같은 다른 기질보다 멜랑콜리아 기질이 가장 완벽을 추구하는 유형으로 분류됐다고 한다. 오늘 강의 중 "A를 알려면 A가 아닌 것이 무엇인지를 알아야 한다"고 배웠다. 멜랑콜릭은 완벽을 추구하지만, 인간에게 완벽은 애초 불가능하다. 결국 관계, 언어와 같은 우리의 삶의 핵심으로부터 멀어지는 멜랑콜릭은 사실 그 누구보다 그것들을 열망한 주체가 아니었을까. 멜랑콜리아가 기호학, 정신분석학과 직결될 수 밖에 없는 이유다. 김지영 예술학과

애도와 우울증의 차이가 상실을 부인하는 과정에서 온다는 것을 배우며, 어릴 적 읽었

던 엘리자베스 퀴블러 로스의 책들에 나온 상실의 단계가 상기됐다. 그리고 우울감을 극복하는 방법으로 사랑이라는 대안을 제시해주신 것에 감명받았다. 강의 오리엔테이션에서 말씀하신 "주체는 언어로서 표상될 수 있다"는 게 바로 이런 걸까 싶을 만큼 교수님의 언어에 가득 찬 '사랑'을 느낄 수 있었다. **고동혁** 영어영문학과

2교시

심화 발제

기호학과 미술사 방법론

기호학적으로 읽은 '홀바인의 죽은 그리스도'

들어가며

기호로 구성된 의미 체계를 다루는 기호학의 등장은 미술사·미술 이론 연구에도 큰 영향을 주었다. 우선 미술작품 분석에서 다의적인 독해가 이루어질 수 있는 이론적 기반이 기호학을 통해 확보됐다. 그리고 작품과 작가 중심의 기존 접근방식에서 관람자라는 새로운 극極이 부상하게 된 것도 기호학의 발전과 무관하지 않다. 이처럼 미술작품 독해의 가능성을 확장시킨 기호학은 시각 이미지의 탐구에 쓰이는 도구로 머무르지 않고, 정신분석학이나 페미니즘과 같은 신미술사 방법론들의 학제 간 연구를 가능하게 하는 중요한 매개로 기능했다. 오늘날의 미술사학에서 기호학은 깊고 넓게 활용되고 있는 방법론이라 할 수 있다. 이 글에서는 미술사 연구에서 기호학이 어떤 의미를 지닐 수 있는지 알아보고자 하며, Ⅰ장에서 대표적인 네 사람의 기호학적 미술사·미술 이론가를 간략히 소개하고 Ⅱ장에서는 그중 한 학자의 논문을 택해 상세히 살펴볼 것이다.

I. 기호학적 미술사 연구의 대표사례

미술사학자 마이어 샤피로Meyer Schapiro, 1904-1996는 기호학적 미술사 연구의 초기 사례를 보여준다. 기호학자 계보의 첫머리에 있는 소쉬르와 퍼스 중 샤피로가 주된 영향을 받은 것은 퍼스이며 1950년대부터는 바르트의 이론도 수용했다.[1] 샤피로는 시각예술의 다양한 '틀frames'과 '토양grounds'은 예술가의 지표성indexicality을 확인하게 해주고 나아가 관람자의 다양한 수용방식에 따라 작용할 수 있음을 논했다.[2] 그의 대표적인 기호학적 연구사례는 1973년 저서 『말과 그림Words and Pictures』에 담겨 있다. 여기서 샤피로는 중세 미술에 등장하는 정면상과 측면상의 양상을 분석해 그 의미를 읽어낸다. 등장인물의 구도는 특정한 신체 자세를 가리키거나 표현하는 데 목적이 있지 않고, 각기 다른 관습적 의미, 즉 정면상은 위계질서, 측면상은 모두가 평등하게 참여한 사건으로서의 제의라는 의미를 나타낸다는 것이다.[3]

로잘린드 크라우스Rosalind E. Krauss, 1941- 또한 기호학을 참조한 미술사가들 중 하나다. 그녀는 작품 속 이미지의 지시 의미가 아닌 함축 의미에 집중했다. 피카소의 1913년 콜라주 〈과일이 담긴 그릇

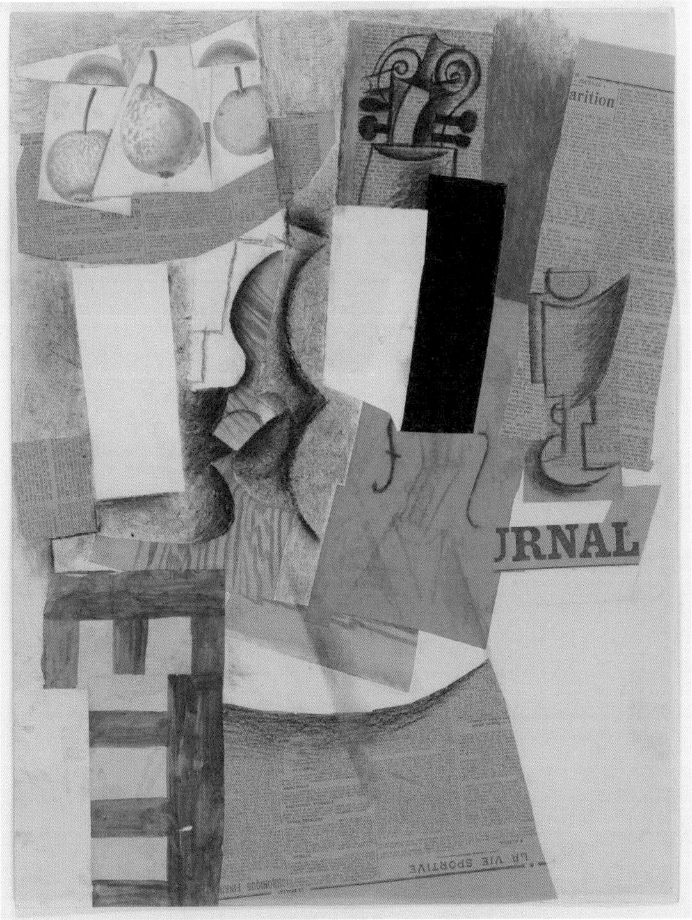

파블로 피카소, 〈과일이 담긴 그릇과 바이올린, 와인 잔〉, 1913년, 마분지에 목탄, 초크, 수채, 유채, 인쇄물과 색종이 콜라주, 65.2 × 50.2 cm, 필라델피아 미술관, 필라델피아

과 바이올린, 와인잔Bowl with Fruit, Violin, and Wineglass〉에는 f홀 한 쌍의 이미지가 담겨 있다. 관습적으로 f홀은 바이올린을 의미하는 기호지만, 크라우스는 작품 속 f홀들이 서로 다른 크기로 그려진

것에 착안해 바이올린이 아닌 '단축법foreshortening'을 나타내는 기호로 읽었다.[4] 이처럼 체계 안에서 기호 간의 차이를 고려하고 함축 작용을 분석할 때 작품 해석은 날카롭고도 풍부해지는 것이다. 크라우스의 분석에서 우리는 차이를 강조한 소쉬르와 함축을 강조한 바르트 이론을 엿볼 수 있다. 크라우스는 사진의 지표성에 관한 연구도 수행했으니 퍼스의 기호학 모델 또한 그 기저에 있음을 알 수 있다.

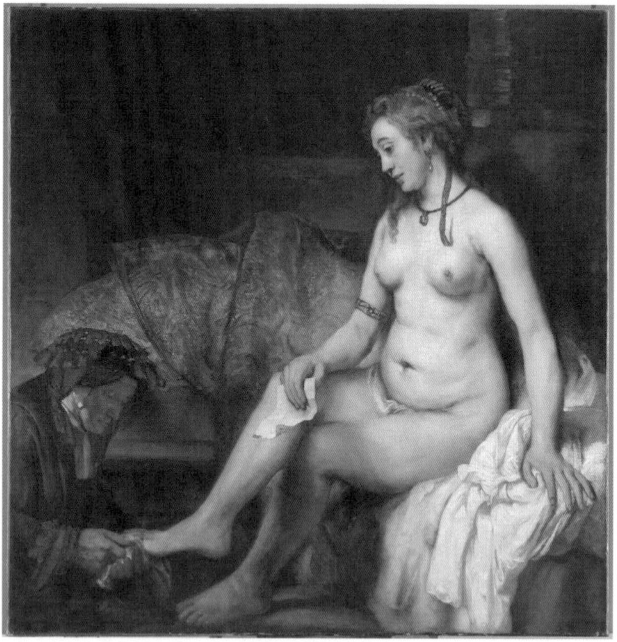

렘브란트 반 레인, 〈다윗 왕의 편지를 든 욕실의 밧세바〉, 1654년, 캔버스에 유화, 142 × 142cm, 루브르 박물관, 파리

시각문화 이론가 미케 발Mieke Bal, 1946-은 기호학을 본격적으로 활용해 일반적 원리를 끌어내는 동시에 다른 방법론을 함께 접목하는 접근법을 취했다.[5] 그녀의 연구는 '화자speaker—메시지—청자hearer'라는 단순한 연결 각 단계의 상징작용을 고민하는 것에서 출발한다.[6] 미술작품을 현재의 사건events of the present으로 보는 발에게 작품의 의미작용은 그것의 제작자와 최초의 맥락, 새로 놓이게 되는 시간과 장소, 그것을 읽는 관람자에 따라 변화하며 다양한 해석을 불러올 수 있는 것이다.[7]

그녀는 성경 속 사건을 주제로 한 렘브란트의 그림 〈다윗 왕의 편지를 든 욕실의 밧세바Bethsabée au bain tenant la lettre du roi David〉(1654)를 '실제적인 것에 대한 기호'와 '텍스트에 대한 기호'라는 두 가지로 해석했다.[8] 작품 속 밧세바의 편지에는 빨간 얼룩이 있다. 실제에 대한 기호로서 이 얼룩은 편지 봉투를 봉인하는 밀랍이다. 동시에 이 빨간 얼룩을 밧세바의 남편인 우리아가 밧세바의 불륜 상대였던 다윗에게 죽임을 당하는 과정에서 흘린 피의 기호로 해석할 수도 있는데, 이는 텍스트에 대한 기호다.[9] 미술작업의 고정되지 않은 의미에 주목했던 발에게 기호학적 방법론은 이렇듯 관람자의 관점에 따른 또 다른 해석으로서 활용되었다.

줄리아 크리스테바Julia Kristeva, 1941-도 발과 마찬가지로 기호학과 정신분석학을 미술사 연구에 함께 접목한 학자다. 그녀는 1965년 파리에 정착하면서 기호학자인 바르트와 교류했다. 이후 크리스테바가 창안한 기호분석semanalysis은[10] 의사소통 중심의 전통 기호학과 달리 소리와 리듬을 포함한 언어의 물리적 측면에 주목하는 접근법으로 마르크시즘과 소쉬르 기호학의 영향을 받았다.[11] 1989년 저서 『검은 태양: 우울증과 멜랑콜리Black Sun: Depression and Melancholia』에 수록한 「홀바인의 〈죽은 그리스도〉」는 동명의 미술작품을 기호학적으로 분석한 논문이다. 그녀는 여기서 이미지의 지시적, 상징적 메시지를 넘어서는 다층적 독해를 보여줄 뿐 아니라 정신분석학과 긴밀하게 연계된 학제 간 연구의 모범을 보여준다.[12] 이제 이 논문을 연구사례로 삼아 크리스테바가 시도한 기호학적 미술사 방법론을 살펴보고자 한다.

크리스테바가 보여주는 〈죽은 그리스도〉의 다층적 독해

그리스도의 죽음을 시각화한 것의 의미를 조형적, 사회적, 종교적, 미술사적 층위에서 각각 읽어낸다.

Ⅱ. 기호학적으로 읽은 홀바인의 〈죽은 그리스도〉

1. 크리스테바의 기호학과 멜랑콜리

앞서 언급한 크리스테바는 기호학자이자 정신분석학자다. 그녀는 한스 홀바인 2세Hans Holbein the Younger, 1497-1543의 작품인 〈무덤에 있는 죽은 그리스도의 몸The Body of the Dead Christ in the Tomb〉(1521-1522)(이하 〈죽은 그리스도〉)을 멜랑콜리melancholy의 개념으로 읽으며 미술사 연구의 지평을 넓혔다. 멜랑콜리는 기호 체계와 정신분석학이 복합된 개념이라 할 수 있다. 따라서 〈죽은 그리스도〉의 분석에 앞서 크리스테바 이론의 기호학적 특징과 멜랑콜리의 의미를 간략히 알아보고자 한다.

크리스테바의 이론은 기호분석semanalysis으로 대표되며 이것은 그녀가 고안한 새로운 유형의 기호학으로 정신분석학적 기호학을 의미한다. 크리스테바는 프로이트와 라캉의 이론을 비판적으로 계승하고 '기호계the semiotic'라는 개념을 고안하기도 했다.[13] 프로이트는 어머니를 욕망하는 남아가 오이디푸스 단계로 이행하며 아버지

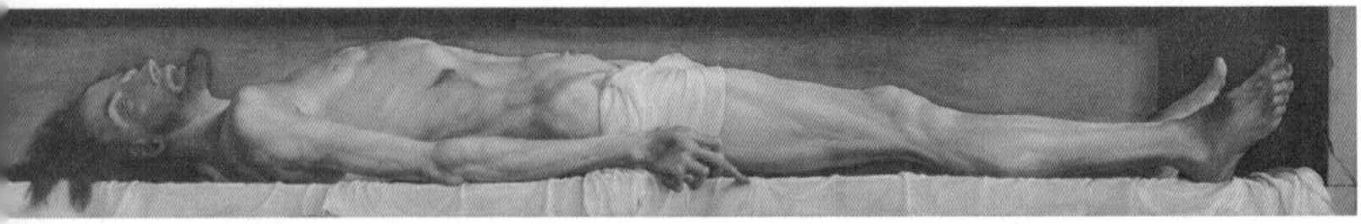

한스 홀바인 2세, 〈무덤에 있는 죽은 그리스도〉, 1521-1522년, 목판에 유채, 30.5 × 200cm, 바젤 미술관, 바젤

의 위협을 내재화하는 모델을 수립했다. 이 모델은 라캉에 이르러 '아버지의 이름Name-of-the-Father'이라는 개념으로 이상화되는데 이는 아이가 언어의 영역으로 나아가는 것을 의미한다. 여기서 아버지의 이름은 실제적, 생물학적 아버지가 아닌 '법', '법칙', '질서'를 뜻하기에 라캉이 프로이트적 분석과 기호학을 통합하고 있음을 알 수 있다. 이후 등장한 크리스테바의 기호계는 전前오이디푸스 단계를 구성하는 충동들, 쉽게 말해 유아기적 충동과 연관되며, 의미작용의 '원료'를 가리킨다. 기호계는 전오이디푸스 적이기에 어머니와 연관되고, 그에 속한 주체가 어머니를 지향하기 마련이다.[14]

중요한 점은 사회에서 개인이 주체로 인식되기 위해서는 통과의례처럼 상징계, 즉 언어 체계로 진입해야 한다는 것이다. 이를 위해 모성으로부터의 분리는 필연적이다.[15] 대개 이러한 분리는 점진적으로 진행되며 어머니를 잃은 아이의 상실감은 그가 사회의 주체로 성장하는 과정에서 차츰 회복돼 간다.[16] 하지만 이 상실의 트라우마를 극복하지 못한 주체는 극심한 멜랑콜리적 심리에 빠지게 된다.[17] 이때 이들 멜랑콜릭melancholic; 멜랑콜리에 잠긴 사람들은 형언할 수 없는 극도의 슬픔에 압도되며 문자 그대로 반反언어적인 심리구조를 가진

다. 다시 말해 주체는 언어 체계가 담을 수 없을 만큼의 감정적 정서에 휩싸인다. 그런데, 언어는 상징이기에 이들 멜랑콜릭의 심리구조는 '반상징적asymbolic'인 것이다.[18] 크리스테바는 『검은 태양』에서 이러한 멜랑콜릭 예술가들이 이를 어떻게 예술의 상징 작용으로 승화시키는지를 연구했다. 다음 절에서는 크리스테바의 독해를 통해 이 역설의 구조를 짚어보고, 이어 〈죽은 그리스도〉에 드러나는 조형적 특징과 그에 대한 문제의식을 살펴볼 것이다.

▶ **학생 질문**: 상징계, 언어로 진입하려면 어머니와 분리돼야 한다는 것, 그리고 그것을 겪은 아이가 상실의 트라우마를 갖는다는 것이 잘 이해되지 않습니다.

▶ **교수님 답변:** 언어와 상실! 중요한 포인트입니다. 발제자를 대신해 설명할게요. 우리는 모두 말로 주체를 드러내는 발화 주체speaking subject입니다. 여기엔 생각보다 많은 과정의 경험이 개입됩니다. 언어의 세계에 진입해 말을 배우고, 그 정교함과 구조를 습득하며 의미망signifying network을 받아들이는 것이지요.

프로이트는 아이(자신의 손자)가 어머니의 부재를 극복하기 위해서 말을 만들며 게임하는 것을 목격하고 이를 이론화시켰어요. 이게 그 유명한 '포르트fort/다da' 게임입니다. 어머니가 곁에 없는 동안 혼자 놀던 아이는 실패 꾸러미를 멀리 던지며 '포르트'라 외치고, 다시 곁으로 끌어와서는 '다'라고 발성합니다. 프로이트가 볼 때 이것은 말을 배우는 과정인데, 놀랍게도 아이는 말 자체가 좋아서 습득하는 게 아니라 오히려 무언가를 대신해서, 즉 상실을 기반해 언어를 배운다는 것이었습니다. 요컨대, 말한다는 것의 전제는 무언가를 상실했기 때문이고 그것은 우리 모두에게 있어 최초의 타자인 어머니입니다. 'mother'라는 단어에 'other'가 포함된 것도 흥미롭죠?

이 과정에 대한 크리스테바의 분석은 이렇습니다. 주체는 어머니와의 분리·상실을 인정한 후, 다시 '나는 언어에서 그녀(어머니)를 되찾을 수 있어'와 같은 정신구조의 변화를 겪게 됩니다. 결국 언어를 통해 상실을 부인하고 또 극복하는 것이죠. 상실을 극복하며 언어에 진입한다고 볼 수도 있고요.

▶ **교수님 코멘트**: 원래 멜랑콜릭은 반상징적인 심리구조로 말미암아 미술이나 문학과 같은 상징 행위를 할 수가 없는데, 크리스테바가 『검은 태양』에서 보여주는 멜랑콜릭 아티스트들은 이 불가능한 일을 해 낸 것입니다. 역설적이죠. 표현할 수 없는 것을 표현해냈으니까요.

그럼 이런 반전이 어떻게 일어났으며, 우리에게 시사하는 바가 무엇인가를 알아야겠지요. 그것을 크리스테바가 읽은 홀바인의 〈죽은 그리스도〉를 통해 살펴보는 것이 이 발제의 핵심입니다. 홀바인이 그린 죽은 그리스도의 시체가 드러내 보여주는 '그것', 이제까지의 상징체계에서는 언어화, 시각화 할 수 없었던 '그것'은 과연 무엇인지 궁금증을 가지고 발제를 계속 들어봅시다.

2. '단절'의 표현: 보이지 않는 것을 그려내다[19]

홀바인의 '죽은 그리스도'의 정돈되지 않은 머리와 수염, 멍이 든 뺨 위로 치켜떠진 눈은 죽음 전 그가 겪은 수난the Passion을 사실적으로 보여준다.[20] 앞서 보았듯 실물크기로 그려진 앙상하게 마른 몸 위의 붉은 상처와 검회색의 손과 발은 성스러움과 단절caesura된 채, 인간과 다를 것이 없는 죽음을 맞은 그리스도를 적나라하게 보여주고 있다.

이러한 묘사에서 관람자는 무엇을 보게 되는가? 우리에게 잘 알려진 것은 약 350년 후 작품을 접한 소설가 도스토옙스키의 반응이다. 그는 소설 『백치The Idiot』(1869)를 준비하던 1867년에 〈죽은 그리스도〉를 실견하고 발작을 일으킬 정도로 충격받고 또 매료됐다고 한다.[21] 『백치』에는 이 작품이 여러 번 언급된다. 주인공 미시킨 공작은 이 그림을 처음 보고 "이런 그림을 좋아하다가는 있던 신앙도 사라지겠네"라고 외친다.[22]

크리스테바의 1989년 논문 「홀바인의 〈죽은 그리스도〉」 역시 『백치』의 바로 이 부분을 인용하며 시작한다. 그런데 크리스테바는 신앙의 상실을 언급한 도스토옙스키의 문제의식에서 더 나아가 홀바인의 멜랑콜리 심리구조와 그 구조하에서 그려진 작품의 의미 체계로 접근한다. 즉 정신분석학 맥락의 기호학적 관심으로 작품을 독해한 것이다.[23]

크리스테바는 〈죽은 그리스도〉의 구도와 색채, 형태에서 복수의 기호를 읽는데, 서로 중첩된 이 기호들의 중심에 '단절'의 개념을 강조한다. 말하자면 오직 그리스도만이 홀로 벽감 안에 안치된 고립적 구성은 신과 예수의 단절, 즉 예수가 성부聖父로부터 버림받았음을 의미한다.[24] 기독교적 맥락에서 신과의 단절은, 인간이 예수의 죽음과 부활의 기적을 내면화하고 동일시하며 얻게 되는 가장 핵심적 상징인 구원(부활, 생명)과도 단절됨을 의미한다.[25] 이는 기호학적 맥락에서 '상징의 죽음'으로 이해될 수 있다.[26] 왜냐하면 예수의 수난과 부활, 그리고 영원으로 이어지는 이 드라마는 아이가 어머니와의 분리를 겪으며 언어의 세계, 즉 상징계로 진입하는 과정과 같기 때문이다.[27] 따라서 구원의 단절은 상징계로의 진입이 차단되는 것에 견줄 수 있고, 이를 자각한 주체들은 상징계 진입 전의 아이들이 우울 단계를 겪듯 멜랑콜리의 심리 상태를 겪게 된다.[28]

부활과 구원의 메시지를 분리한 채 그리스도의 죽음만을 나타낸다는 것은 그때까지의 상징체계에서는 볼 수 없었던 것이었다. 크리스테바는 홀바인이 '인간이 감히 표상할 수 없는 것' 즉 '신의 죽음'을 표상하려 했다고 보았다. 아이러니하게도 결코 시각화, 언어화될 수 없던 것이 멜랑콜릭의 심리 상태, 즉 의미의 죽음을 겪은 상태에서 상징화되었다는 것이다.

▶ **교수님 코멘트:** 크리스테바의 이 독해가 시사하는 바는 결국 우리가 가진 언어(시각 언어포함)의 체계에 결여가 있다는, 즉 상징계의 언어구조가 굉장히 제한적이라는 점입니다. 예수의 죽음을 전통적인 다른 도상들과 달리 신앙의 단절이자 의미의 죽음인 '단절caesura'과 연결시켜 시각적으로 표현해낸 것은 홀바인이 최초였습니다. 종교와 상징(언어)이 만나는 지점을 제시한 것은 놀라운 일이지요. 그런데 신의 죽음이 우리에게 왜 의미의 죽음이고 상징의 죽음인지 쉽게 와닿지 않는다면 그건 문화적 차이 때문이라 할 수 있어요. 서구 문명의 중심축인 기독교는 언어중심주의에 기반합니다. 성경의 요한복음서 첫 구절은 태초에 '말씀Word'이 있었고 '말씀'이 신과 함께 했고, '말씀'이 곧 신이라고 적고 있습니다.[29] 로고스 중심의 사회에서 신의 죽음과 의미의 죽음은 직결될 수 밖에 없는 것입니다.

3. 홀바인의 미니멀리즘

크리스테바는 홀바인의 절제된 표현을 '미니멀리즘minimalism'이라 칭하며 종교 개혁이라는 당시의 사회적 배경, 그리고 멜랑콜릭인 작가의 개인적 특성과 연계해 논의한다. 홀바인이 활동하던 시기의 바

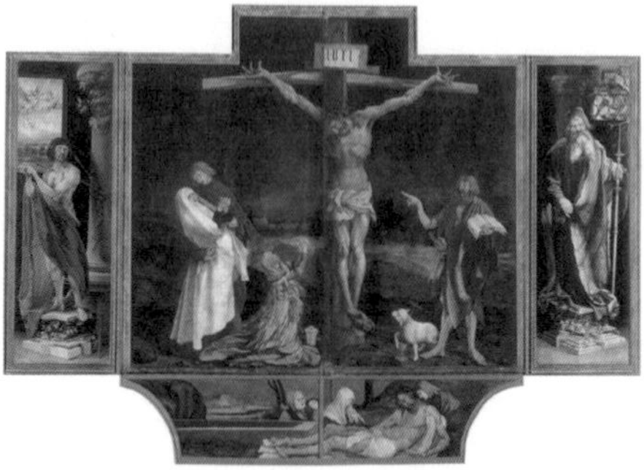

마티아스 그뤼네발트, 〈십자가의 처형〉, 이젠하임 제단화 중 일부, 1512-1516년, 목판에 템페라 및 유채, 376 × 534 cm, 운터린덴 미술관, 콜마르

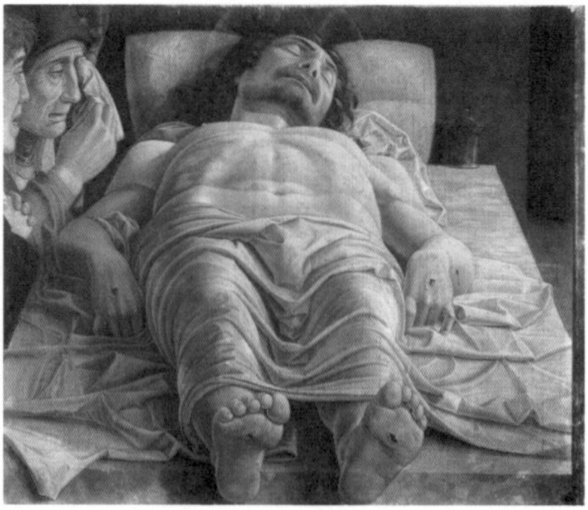

안드레아 만테냐, 〈죽은 그리스도에 대한 애도〉, 1483년경, 캔버스에 템페라, 68 × 81 cm, 브레라 미술관, 밀라노

젤도 종교 개혁의 영향 아래 있었고 특히 1520년대에는 성상파괴 iconoclasm가 성행했다. 아름답고 성스러운 종교화들이 제작됐던 이전과 달리 공교회에 대한 저항의 움직임 속에 미술에도 인간의 고통과 죽음에 대한 대면이 강조되는 경향이 뚜렷해졌다.[30] 홀바인 역시 기존의 종교화를 제작했던 화가였기에 성상파괴의 포화를 피해 바젤을 떠나기도 한다. 그러나 크리스테바는 홀바인이 경험한 또 다른 측면, 즉 그에게도 신앙의 개혁이 일어나고 있었음을 유추한다. 그리고 급변하는 시대의 조류 속에서 변화의 양면을 모두 경험했던 홀바인은 그것을 자신만의 방식으로 통합하고 예술가라는 직업의 엄격함 속에서 재흡수했다는 것이다.[31]

이어서 크리스테바는 홀바인의 〈죽은 그리스도〉와 동시대의 고딕 미술과 이탈리아 미술 간의 조형적 차이를 살핀다. 그리스도의 죽음에 있어 도미니크회의 영향을 받은 북유럽의 고딕 미술은 자연스런 죽음을 비장하게 표현했지만 프란치스코회의 영향을 받은 이탈리아 미술은 찬란한 육체와 조화로운 구성이 어울리는 성적인 아름다움으로 숭고미를 드러내고 내세의 영광을 가시적으로 표현했다.[32] 그런데 홀바인의 〈죽은 그리스도〉에서는 이 특성 중 어느 것도 찾아볼 수 없다. 오직 "차분하고 각성된 슬픔에, 무의미한 것의 한계에 대응하는 간결하고도 최대한 간소화된 회화기법"이 드러나 있으며 이것이 크리스테바가 말하는 홀바인의 미니멀리즘이다.[33] 미술사학자 전영백에 따르면, 이 고립의 강조와 표현의 최소화는 기호학적 의미와 정신분석학적 파급효과를 가져온다.[34] 그것이 바로 앞에서 언급한 '상징의 죽음' 그리고 멜랑콜리의 심리상태다.

홀바인의 그림이 관람자로 하여금 멜랑콜리적 심리구조를 겪게 한다는 것은 마티아스 그뤼네발트Matthias Grünewald, 1470-1528의 이젠하임 제단화Isenheim Altarpiece인 <십자가의 처형 The Crucifixion>(1512-1515)과의 비교를 통해서도 드러난다. 크리스테바는 홀바인의 미니멀리즘이 화려한 회화적 수사로 대변되는 고딕식 표현주의보다 어떻게 더 관람자의 슬픔을① 끌어낼 수 있는지 설명한다. 그뤼네발트는 고딕 미술의 도미니크적 묘사 방식으로 그리스도의 고통을 절정으로 표현하고 있다. 가시면류관, 십자가, 그리고 상처의 묘사가 그리스도의 고통을 가시화, 극대화한다. 그러나 홀바인의 작품에서 그러한 묘사는 최소화되거나 거부된다. 그뤼네발트식의 상징체계를 거부하는 멜랑콜리 환자② 즉, 앞서 예수와의 단절을 통해 멜랑콜리를 자각한 관람자에게는 홀바인의 평범한 기호들이 더욱 마음을 건드린다. 홀바인의 휴머니즘과 절제는 멜랑콜리의 역전된 산물로 고딕 미술의 열정과는 대조적이다.[35]

안드레아 만테냐Andrea Mantegna, 1431-1506의 <죽은 그리스도Dead Christ>(1480)는 당대 이탈리아 미술의 전형과 비교할 때, 구도와 해부학적 묘사에 있어 파격적이다. 그러나 크리스테바가 지적했듯 만테냐의 작품 역시 슬픔과 연민의 감정을 불러일으키는 여인들이 배치돼 있는데 반해 홀바인의 그림에서는 이러한 감정을 일으키는 중재자 혹은 시각적 장치를 볼 수 없다.

▶ **교수님 코멘트:** ① 멜랑콜릭의 감성은 슬픔이라기보다는 '얼어버린 슬픔'이자 절망에 가깝습니다. 멜랑콜릭은 울 수 없습니다. 울 수 있다는 것은 치유할 수 있다는 건데 멜랑콜릭은 이 범주를 벗어나는 것이지요.

②에서 발제자는 멜랑콜리 '환자'라는 단어를 썼는데, 이 말은 사용하지 말아야 합니다. 정신분석학에서 호칭은 매우 중요하지요. 즉 의사-환자가 아닌, 분석가analyst-분석받는 사람analysand으로 명명할 것을 강조합니다. 이는 정상/비정상, 건강한 자/환자와 같은 식의 이분법을 반대했던 미셸 푸코Michel Foucault의 영향이라 할 수 있습니다. 따라서 우리는 여기서 '환자'라는 말보다 '분석받는 사람'으로 써야겠지요.

홀바인은 동시대의 어떤 미술 양식에도 속할 수 없었고, 에라스무스Desiderius Erasmus와 같은 오랜 벗과의 우정에도 충실할 수 없었던 사람이라는 크리스테바의 언급은 홀바인의 멜랑콜리적 특성의 단면을 보여준다.[36] 그런데 홀바인의 멜랑콜리는 그의 예술가적 노력과 함께 '표상할 수 없는 것'을 표상해 내는 결심을 가져왔다.[37] 크리스테바에게 있어 홀바인의 미니멀리즘은 단절의 은유이자, 멜랑콜리에의 응답이며, 상실과 분리를 극복할 수 있는 강력한 회화적 언어였던 것이다.[38] 이에 대한 전영백의 논고를 인용한다.

이는 한마디로 요약해, 부계적 연계에서의 결여의 상징화, 혹은 '표현될 수 없는 것의 표현화representing the unrepresentable'로 집약할 수 있다. 홀바인의 경우, 신의 죽음을 신격화하지 않고 죽음 그 자체로 나타냄으로써 아버지God; the Father와의 결별을 의미하고, 그러나 그에 따라, 상징이 불가능했던 죽음 그 자체, 구체적으로는 시각의 범위에 속하지 않았던, 관에 있는 예수의 시체를 시각화함으로써 의미 체계의 결여를 표현해 냈다고 크리스테바는 지적한다.[39]

요컨대 크리스테바는 홀바인을 반상징적 심리구조를 가진 멜랑콜릭으로 보며 이를 통해 그가 전통 회화와는 달리, 더 중요하고 근본적인 영역을 가시화했다는 점에 주목했다. 따라서 기호학과 정신분석학을 접목해 홀바인의 〈죽은 그리스도〉를 다시 읽은 크리스테바의 연구가 미술작품의 의의를 심화시켰다는 점을 확인할 수 있다. 이처럼 기호학적 시각은 미술사에 있어 작품의 의미해석, 그리고 학제 간 연구의 지평을 넓혔다고 하겠다.

발제를 마치며

기호학이 미술사에서 또 다른 방법론과 접목되는 실례를 배울 수 있어 유익하다고 느꼈다. 크리스테바는 정신분석학과 기호학 방법론으로 홀바인의 미술에 접근하고 있으나 공시적 단면 위에서 이론을 기계적으로 '적용'하는 대신, 역사적, 양식적 흐름에 대한 이해를 바탕으로 폭넓게 분석했다. 같은 맥락에서 언어중심주의에 대한 교수님의 코멘트도 인상적이었다. 신과 언어를 동일시하는 서구 기독교 문화의 언어중심적 특징을 생각하게 되면서 크리스테바 논문의 이해가 깊어진 듯 하다. 발제문에는 소개하지 않았지만, 홀바인의 시대에 있었던 성상파괴 운동에 관한 설명 중 "말(말씀)이나 소리(음성)가 아닌 이미지, 재현의 모든 형태와 대상에 대한 진정한 전쟁을 벌였다"라는 부분을 고려해야 할 것이다.[40] 그러한 시대에 홀바인이 시도한 '의미(신)의 죽음'에 대한 전례 없는 시각화는 멜랑콜리 예술가의 반동이자, 주체에 대한 근본적 인식을 불러온 미술사의 전환점이라 생각한다.

오세령 발제/전영백 감수

3교시

응용 발표

기호학 Case Studies

Case 1. 빅터 버긴
사진의 지표성을 실험하다

Case 2. 제니 홀저
언어의 물질화 또는 맥락과 분리된 언어

Case 3. 바바라 크루거
차용과 직설화법이 만들어내는 여성의 목소리

Case 4. 마사 로슬러
'재현'을 '표상'하다

Case 5. 사이 톰블리
'본질'을 기호로 담은 그림

Case 6. 최정화
"가소성의 기호학"을 시각화한 플라스틱 작업

Case 1. 빅터 버긴
사진의 지표성을 실험하다

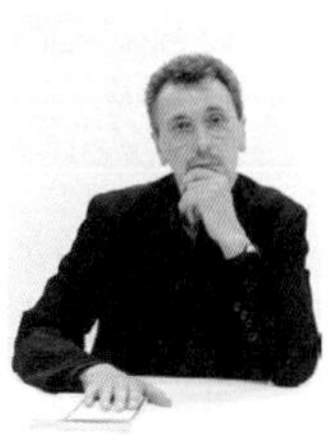

빅터 버긴

기호학을 접목한 미술사 방법론은 특히 '개념미술conceptual art' 작품의 독해를 풍부하게 한다. 개념미술 작가들도 기호학적 사유를 바탕으로 작품을 구상한 경우가 적지 않다. 개념미술의 선구자인 영국 미술가 빅터 버긴Victor Burgin, 1941-의 경우 애초부터 언어에 깊은 관심을 두고 있었다. 그는 미국 예일대Yale University 유학 중 미니멀리스트들과 교류했고, 1967년 귀국 후에는 오브제를 만드는 대신 그 제작을 위한 '설명서instructions'를 작성하는 개념미술 실험을 시작한다.

1969년, 개념미술의 시작을 알리는 역사적 전시인 《태도가 형식이 될 때When attitudes become form》의 런던 순회 전시에서 버긴은 〈사진길Photopath〉(1969)을 선보인다. 전시장 마룻바닥을 촬영하고 이를 실제 크기의 사진 21장으로 뽑아 같은 바닥에 이어 붙인 작품이다.

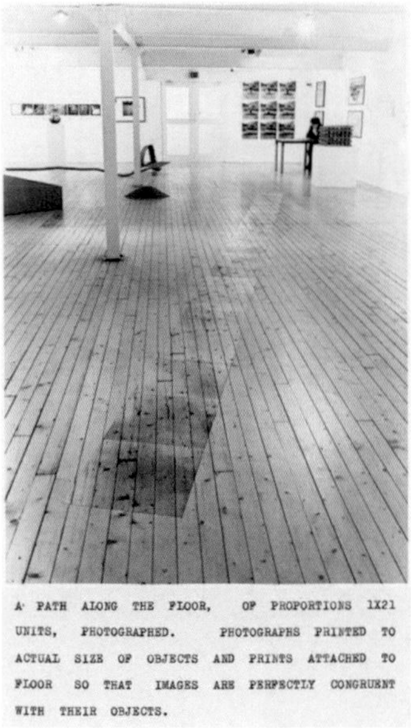

빅터 버긴, 〈사진길〉, 1969 (위)
〈사진길〉의 '설명서'(아래)

관람자는 이것이 미술작품인지 실제 바닥인지 의심하게 된다. 사진 전문 저술가이자 큐레이터인 데이빗 캠퍼니David Campany는 이 작품이 사진의 모든 규칙을 깨는 듯 하나, 세상을 대체하겠다는 사진 매체 고유의 오래된 열망에 충실하다고 짚었다.[1]

기호로서 사진이 갖는 중요한 특성인 '지표성indexicality'이 극대화된 〈사진길〉은 기호가 대상체object/referent의 자리에 놓여 표상과 실제의 경계를 흐리는 작품이다. 더욱 흥미로운 것은 작품에 포함된 '설명서'다.

21구획으로 분할 촬영된 바닥의 한 부분. 이 피사체의 실제 크기로 인쇄된 사진들. 이 사진들을 이미지가 피사체와 정확히 들어맞도록 부착.

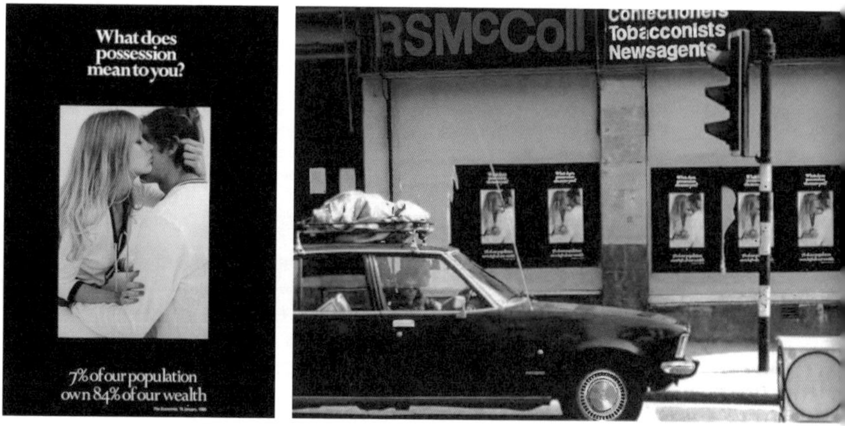

빅터 버긴, 《소유》, 1976 (왼쪽)
《소유》가 길거리에 실제로 부착된 모습 (오른쪽)

이 설명서를 따르면 누구나 같은 작품을 제작해낼 수 있다. 그러나 그것은 예술작품으로서의 〈사진길〉이라기보다는, 최초의 〈사진길〉을 재연한 또 하나의 오브제라 보는 편이 맞을 것이다. 따라서 〈사진길〉의 예술적 본질은 물리적인 설치에 있는 것이 아니라 그 개념에 있는 것이다. 물론 재연된 오브제가 그 자체로 또 하나의 기호가 되어 새로운 맥락에서, 새로운 의미를 가져올 가능성은 항상 열려있다.

사진 이미지와 언어의 관계를 탐험했던 버긴은 '포토-텍스트 photo-text'라는 양식을 남긴 것으로도 유명하다. 쉽게 말해 사진과 문자의 병치 작업이다. 1976년 작 〈오늘은 어제의 당신에게 약속

된 내일이다Today is the tomorrow you were promised yesterday〉는 저소득층의 거주지를 보여주는 흑백 사진 한편에 그럴듯한 텍스트가 인쇄된 작품이다. 그런데 정작 텍스트의 내용은 부유층을 대상으로 한 여행 광고이기에 이를 읽는 관람자는 아이러니를 느끼는 동시에 이미지와 텍스트가 결합한 이 기호의 의미를 고민하게 된다.

같은 해의 《소유Possession》는 얼핏 광고로 보이는 포토-텍스트 500부가 영국의 어느 도시 거리에 마치 벽보처럼 붙여졌던 역동적인 프로젝트였다.[2] 전형적인 연인의 사진이 실린 포스터의 위쪽에는 "당신에게 '소유possession'란 무엇인가"라는 질문이 적혀있어 '사랑'과 '성'의 문제를 생각하게 하지만, 아래쪽에 찍힌 "인구의 7퍼센트가 부의 84퍼센트를 '소유한다own'"는 명제는 경제적 소유와 분배의 문제로 관람자의 사고를 전환시킨다. 어떤 관람자는 두 질문의 간극을 탐색하며 기호학적 사유를 음미할 수도 있을 것이다.

Case 2. 제니 홀저

언어의 물질화 또는 맥락과 분리된 언어

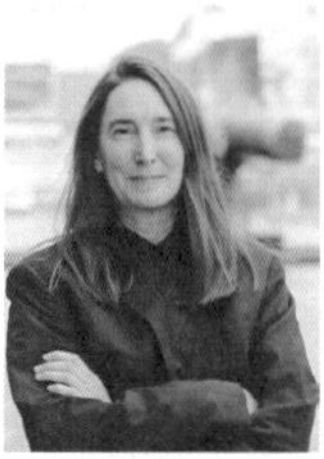

제니 홀저

제니 홀저Jenny Holzer, 1950- 가 처음 관심을 둔 장르는 추상회화였다. 그러나 여러 대학의 미술교육 과정을 두루 거친 홀저는 1976년에 뉴욕 휘트니 미술관의 독립연구과정Independent Study Program까지 수료한 후, 언어를 재료로 하는 개념미술가의 길을 걷게 된다. 그녀의 주된 작업 방식은 사회체제에 의문을 던지는 텍스트를 공공영역에 노출하여 사람들의 관심을 끌어내는 것이다. 홀저의 작품은 국립현대미술관과 국제갤러리를 통해 국내에도 여러 번 소개되었다.

홀저는 로드아일랜드 디자인스쿨Rhode Island School of Design 재학 시절, 가까운 브라운 대학Brown University 도서관을 출입하며 과학, 심리학, 천체물리학, 종교학 등 온갖 분야의 학술서적을 살피고 거기 실린 다이어그램을 수집했다고 한다. 시각적인 표상으로서 다이어그램이 지닌 극한의 간결성과 진실성에 매료된 것이다. 그런데 홀

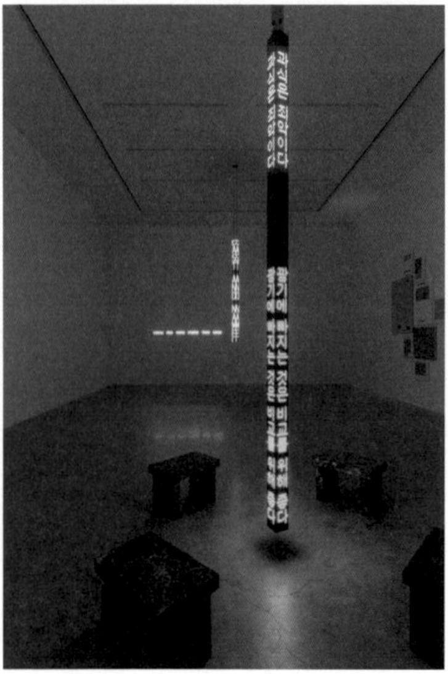

제니 홀저, 《경구들》, 2020

저의 시선은 다시 한번 이동해 다이어그램마다 적혀있는 캡션에 머문다.[3] 캡션의 명료한 텍스트와 다이어그램의 개략적 이미지가 서로를 보완하고 지지하며 정보의 가치를 완성하는 메커니즘에 주목한 것이다. 더 나아가 다이어그램의 이미지로부터 캡션의 분리를 시도한 홀저는 그로 인해 캡션이 가진 언어로서의 정체성 근거가 붕괴됨을 목격할 수 있었다. 이를 고찰한 미술사가 고든 휴즈Gordon Hughes는 홀저의 작업 대상이 이미지에서 언어로 선회한 것은 구조의 붕괴, 기호적 가치의 상실에 주목한 것이라고 설명한 바 있다.[4]

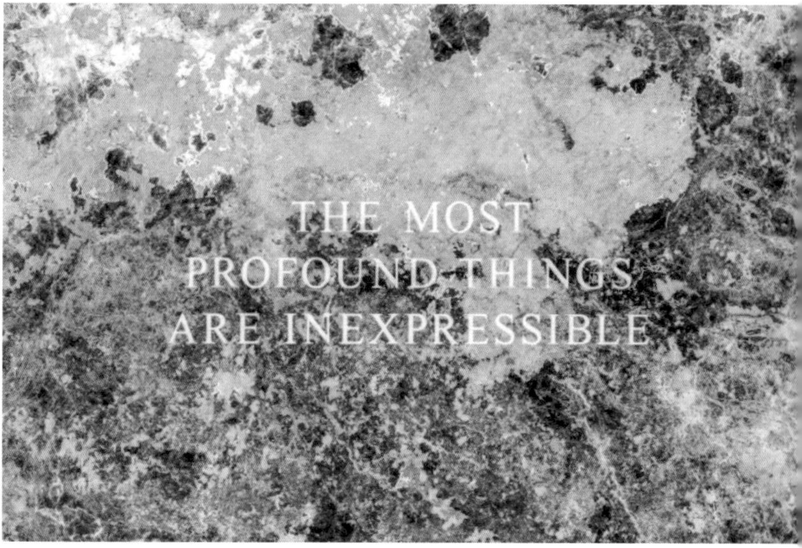

제니 홀저, 《경구들》 중 〈가장 심오한 것들은 표현할 수 없다〉의 세부, 2015

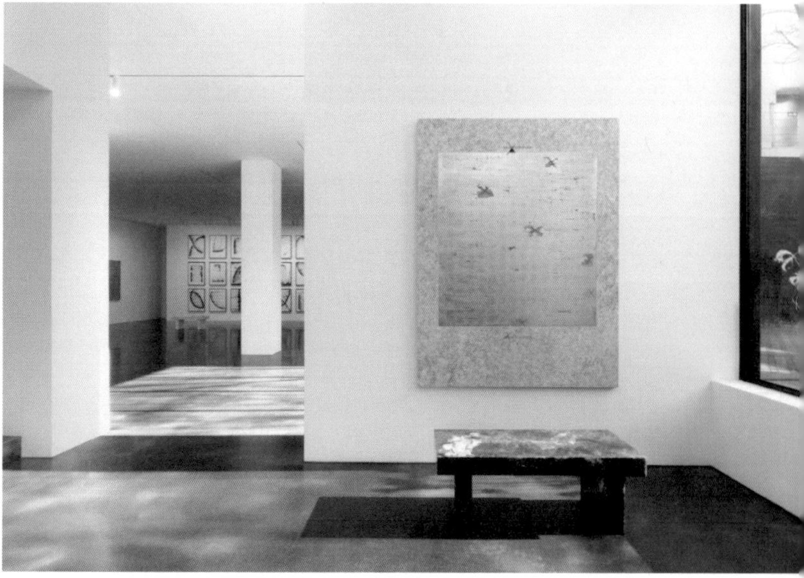

서울 국제갤러리 제니 홀저 단독전(2020-2021) 전경

홀저의 초기 공공미술 프로젝트 중 가장 잘 알려진 것은 <경구들Truisms>(1977-1979)이다. 작품을 구성하는 경구의 내용은 "과식은 죄악이다EATING TOO MUCH IS CRIMINAL", "엘리트의 존재는 불가피하다AN ELITE IS INEVITABLE", "정교함(공들임)은 오염의 한 형태다ELABORATION IS A FORM OF POLLUTION"와 같이 냉소적인 것이 대부분이었으며 문장부호 없이 영어 대문자로만 표현됐다. 처음에는 수십 개의 경구로 시작했으나 결국 수백 개까지 덩치가 불어났고, 전시 방식도 뉴욕 맨해튼 거리의 벽보에서 시작해 티셔츠, 모자, 광고판 등 다양한 매체로 확대됐다. 홀저의 작품 경력에서 <경구들>은 유명할 뿐 아니라 중요하기도 하다. 이때 사용된 경구들이 이후 얼마간의 증식을 거쳐 1990년대부터 발췌, 편집, 재사용되고 있기 때문이다. 언어를 중심에 둔 홀저의 예술에서 <경구들>은 마르지 않는 샘처럼 재료를 공급하고 있다. 오래된 그 경구들을 담고 보여주는 매체와 장소 역시 무한히 증식하고 새로워진다.

2020년 말 서울 국제갤러리에서 열린 홀저의 단독전에서는 최신 버전의 여러 <경구들>이 전시됐다. 고풍스러운 대리석 벤치에 견고하게 음각된 경구들도 있었고, 최첨단의 기술과 화려한 조형미를 뽐내는 LED 장치에서 마치 사람의 발화發話처럼 리듬감 있게 전달되는 경구들도 있었다. 다시 휴즈를 인용해본다. "<경구들>은 그 물리적 표현이 어떻든 그에 앞서 독립적으로, 언어를 통해서만 그 고유한 지위를 담보하는, 단일 텍스트 기반의 작품이다."[5]

그런데 이처럼 텍스트를 재료 삼으며 미술 오브제의 고정관념을 깬 홀저의 작업에는 또 다른 기호학적 특징이 존재한다. 메시지를 전달하는 고정된 저자author의 개념 또한 사라진 것이다. 미술사가 데이빗 조슬릿David Joselit은 "홀저의 텍스트에 의해 투영된 저자는 어디에도 없고 어디에나 있다"고 규정했다.[6] 휴즈는 이를 인용하며, 홀저의 언어에는 일관성 있는 일인칭 단수의 목소리가 부재함을, 즉 목소리들voices은 있되 목소리voice는 없음을 지적한다.[7] 바르트가 논했던 '저자의 죽음'이 홀저의 작업에서는 이런 형태로 나타난 것이다. 요컨대, 오브제의 개념과 저자의 정체성을 흔드는 홀저의 예술 세계는 기호학적 사유와 공명하고 있다.

Case 3. 바바라 크루거

차용과 직설화법이 만들어내는 여성의 목소리

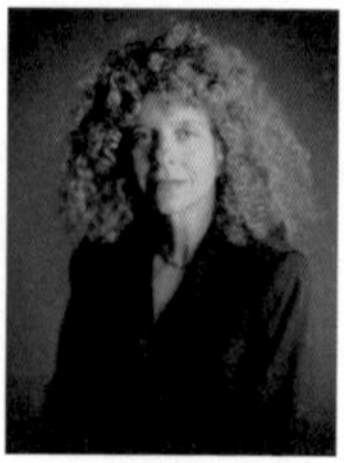

바바라 크루거

바바라 크루거Barbara Kruger, 1945- 는 미국 출신의 개념미술 작가다. 앤디 워홀Andy Warhol이 그러했듯 크루거도 디자이너로 출발했다. 뉴욕의 파슨스디자인스쿨Parsons School of Design 졸업 후 10년 이상 여러 잡지사의 아트디렉터로 그리고 프리랜서 북디자이너로 활동했던 경험은 이후 그녀의 미술작업에 큰 영향을 끼쳤다. 크루거의 가장 유명한 작품들은 이미지와 텍스트를 병치한 광고 스타일이며, 작품 대다수에서 그래픽 디자인의 특성이 엿보인다. 1960년대 후반부터 시작되어 현재까지 이어지고 있는 작업 양식은 사진과 텍스트 병치를 중심으로 콜라주, 대형 설치, 영상 등 다양한 매체와 그들 간의 병합을 아우른다. 크루거는 사회 문제를 새롭게 인식시키거나, 기존의 '신화'에 통렬한 메시지를 던지는 작품을 많이 남겼고, 대표적인 페미니즘 미술가이기도 하다.

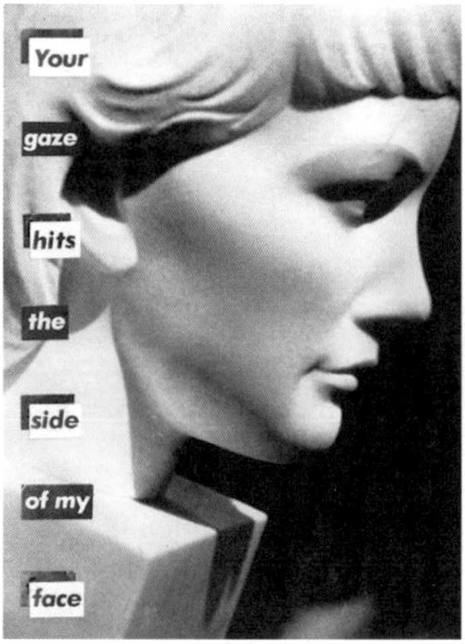

바바라 크루거,
〈무제 (당신의 시선이 내 뺨을 때린다)〉, 1981

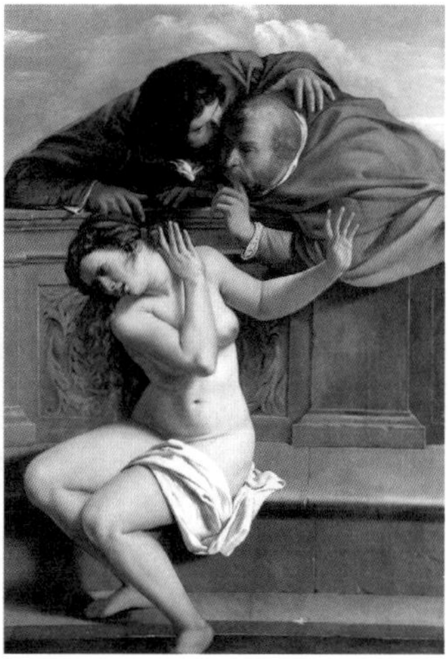

아르테미시아 젠틸레스키,
〈수산나와 장로들〉, 1610

1981년 작품 〈무제 (당신의 시선이 내 뺨을 때린다)Untitled (Your gaze hits the side of my face)〉는 대상화된 여성이라는 오랜 주제를 보여주는 익히 알려진 작품이다. 사진 속 익명의 얼굴을 한 석고 조각상의 뺨은 날카로운 음영이 가로지르고 있다. 그 사진의 왼편으로 일일이 잘라 풀로 붙인 흑백 문구가 "당신의/ 시선이/ 내/ 뺨을/ 때린다"는 말로 응시의 폭력을 고발한다. 이 포스트모던 작품이 우리에게 상기시키는 그림이 있다. 현대 미술가들에게 많은 영감을 준 바로크 화가 아르테미시아 젠틸레스키Artemisia Gentileschi, 1593–1653의 1610년 유화 〈수산나와 장로들Susanna and the Elders〉이다. 두 작품은 같은 주제를 담고 있지만, 4세기 가까운 세월의 흐름을 보여주듯 젠

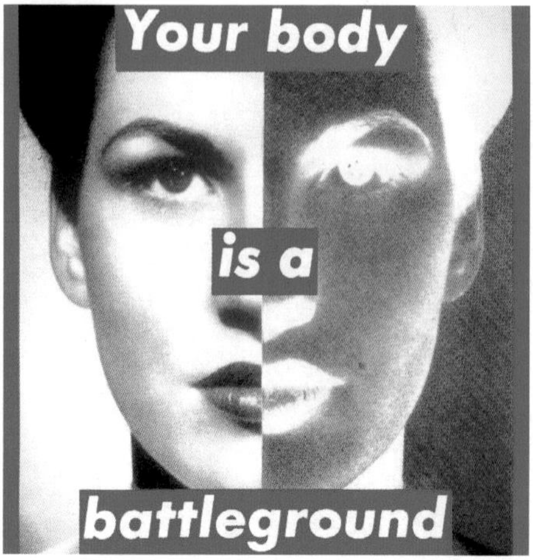

바바라 크루거, 〈무제 (당신의 몸은 전장이다)〉, 1989

틸레스키가 상황을 재현representation하여 의미를 전하는 것과 달리 크루거는 고전적 이미지의 차용appropriation에 직설적인 텍스트의 병치라는 기법으로 의미를 생성한다.

크라우스는 이 작품에서 크루거가 드러내는 젠더의 틀을 지적한다. 미술가와 관람자는 모두 남성이라는 암묵적 전제가 존재하고 이때 여성은 자신의 목소리는 내지 못한 채 메시지의 송수신자 즉 남성 미술가와 남성 관람자 사이에서 메시지를 담는 형식이나 매개로만 존재했다는 것이다.[8] 〈무제 (당신의 시선이 내 뺨을 때린다)〉는 작품의 관람자가 남성으로 이미 가정돼 있다는 것을 공공연히 보여준다. 크라우스의 설명을 따라가 보면, 크루거는 언제나 '말해지는' 자리에 고정됐던 여성의 역할에 관심을 두었고, 이 작품에서는 작가로서 작품 속 여성의 발언 기회를 빼앗지 않는 위치를 지키며 차이를 만들어냈다는 것을 알 수 있다.[9]

2년 후 제작한 <우리는 당신의 문화에 대해 자연의 역할을 하지 않겠다We Won't Play Nature to Your Culture>는 풀밭에 누워있는 젊은 여성의 두 눈이 나뭇잎으로 덮여있는 사진에 제목의 문구가 위아래로 나뉘어 인쇄된 작품이다. 잡지나 광고 등에서 흔히 볼 수 있는 상업적 이미지의 차용이 계속되고 있다. 반복적인 크루거의 작업에서 강조되는 한 가지는 과거의 미술에서 스테레오타입이자 침묵의 항이었던 여성에게 목소리를 부여하고 관람자가 그에 귀 기울이게 하는 힘이다. 이 힘은 가부장적 관념 속에서 구축된 이데올로기라는 '신화'의 해체를 시도하고 있다.

1989년 작 <무제 (당신의 몸은 전장이다)Untitled (Your body is a battleground)>는 낙태와 관련한 집회인 1989년 워싱턴 여성행진Women's March on Washington의 포스터로 제작된 것이다. 포스터를 가득 채운 것은 여성의 얼굴인데 화면 오른쪽은 음화negative, 왼쪽은 양화positive 이미지로 양분돼있다. 크루거의 시그니처인 빨간 바탕 위 흰색 푸투라Futura 서체는 "당신의 몸은 전장"이라고 힘있게 말하는 듯하다. 기존의 슬로건인 "합법적 낙태 지지, 출산의 조절과 여성의 권리" 대신 크루거가 택한 이 메시지는 보는 이들로 하여금 자신이 문제의 당사자임을 자각시키는 한편 낙태 문제의 투쟁 결과는 여성의 몸에 직접적이고 중대한 영향을 준다는 사실을 재인식시킨다.

Case 4. 마사 로슬러

'재현representation'을 '표상representation'하다

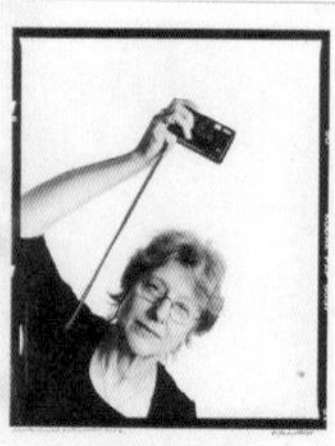

마사 로슬러

마사 로슬러Martha Rosler, 1943- 는 포토몽타주, 설치미술, 그리고 멀티미디어 작품으로 정치 이데올로기 및 사회 문제들을 표현하는 뉴욕 출신의 개념미술가다. 그녀는 상반된 이미지나 텍스트를 병치하여 관람자가 정치, 사회, 문화를 새로운 관점으로 볼 수 있게 한다. 그녀의 작품은 여성의 경험에 착안한 것이 많지만, 작품 세계 전체를 조망하면 주택, 교통, 건축, 환경, 미디어, 전쟁 등 여성 문제 뿐 아니라 인류 전체의 삶과 직결된 이슈에 두루 관심 두고 있음을 알 수 있다.

로슬러는 1967~1972년에 《가정에 전쟁 들여오기: 아름다운 집Bringing the War Home: House Beautiful》이라는 제목의 정치적 포토몽타주 작업을 이어갔다. 이중 〈빨간 줄무늬 부엌Red Stripe Kitchen〉은 풍요롭고 세련된 미국 가정의 전형적인 부엌에 베트남 전장의 군인 사

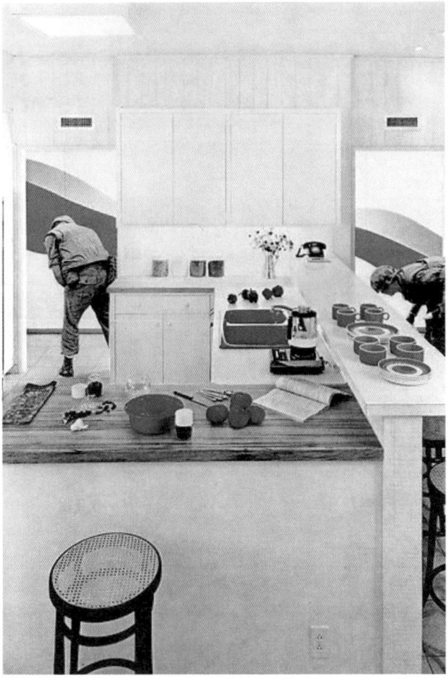

마사 로슬러, 〈빨간 줄무늬 부엌〉, c. 1967-1972

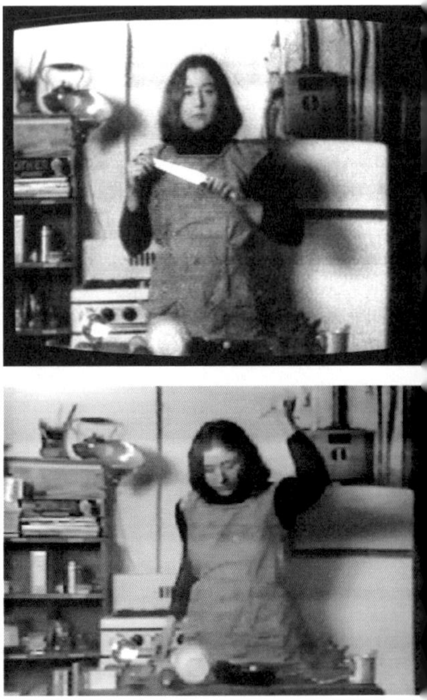

마사 로슬러, 〈부엌의 기호학〉, 1975 (스틸컷)

진이 어울리지 않게 삽입된 작품이다. 풍요와 전쟁, 가정과 군대, 그리고 무엇이 진실인지에 대해 고민하게 하는 이런 병치가 그녀의 대표적인 작업 방식이다.

로슬러의 대표작 〈부엌의 기호학Semiotics of the Kitchen〉(1975)은 6분 남짓의 흑백 영상으로 역시 부엌을 배경으로 한다. 이 작품에는 미디어가 부엌을 여성의 공간으로 한정하는 이미지를 생산해 여성의 사회적 역할을 제한한다는 비판이 담겨 있다.[10] 70년대 TV 속

현대적 부엌을 배경으로 행복하게 요리하고 있는 주부의 모습이 그 쉬운 예다. <부엌의 기호학>에서 로슬러는 직접 등장해 퍼포먼스를 펼치며 그간 당연하게 생각해왔던 여성의 이미지를 깨트린다.

영상 속의 그녀는 TV 요리 프로그램 세트장 같이 연출된 부엌에서 앞치마를 입고 알파벳 순서대로 주방용품의 이름을 나열한다. 세트장처럼 연출한 것은 '요리 공간'으로서의 부엌이 아니라 여성에게 억압적인 기호가 부여된 공간으로서의 부엌, 즉 행복하게 가족을 위해 식사를 준비해야 하는 여성의 공간으로서의 부엌을 보여주기 위함이다.[11] 하지만 모던하고 아늑한 인테리어와 어울리지 않는 로슬러의 부자연스러운 퍼포먼스는 의아함을 자아낸다. 특히 나이프나 얼음 깨는 송곳을 휘젓는 모습은 살인자가 취할 법한 행동을 연상시키기도 한다. 즉 <부엌의 기호학>은 남성 혹은 미디어가 정해 놓은 기호가 아닌 작가가(혹은 여성이) 재창조한 기호를 통해 관습적인 언어와 관념에 저항하는 모습을 담고 있다.

비슷한 시기의 <두 개의 부적절한 묘사 체계로 본 바워리 가The Bowery in Two Inadequate Descriptive Systems> 작업은 작가가 뉴욕 바워리 거리에서 다큐멘터리 사진을 흉내 내어 찍은 상점 사진 45장과 이곳을 묘사하는 부정적인 단어를 병치한 작업이다.[12] 부정적인 단어란 '주정뱅이sot', '술고래toper', '술 취한stewed'과 같이 '취함drunkenness'을 뜻하는 것으로 실제 미디어에서 바워리 가를 묘사할 때 쓴 어휘들이다. 하지만 로슬러가 찍은 그 어떤 사진도 이와 같

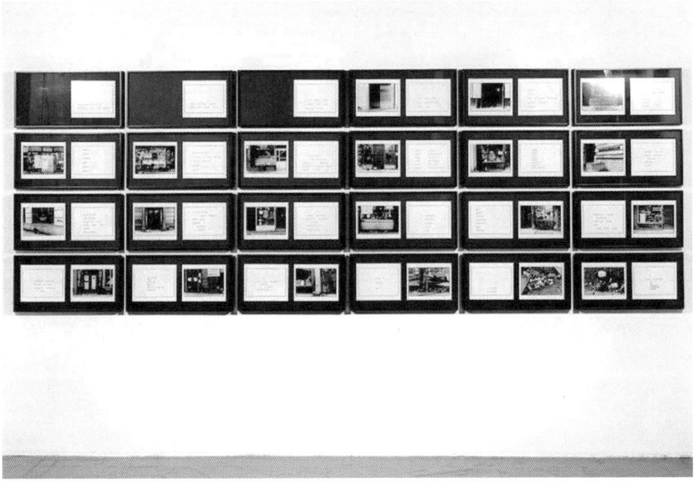

마사 로슬러, 〈두 개의 부적절한 묘사 체계로 본 바워리 가〉, 1974-1975

은 단어들을 반영하지 않는다. 즉 기존의 단편적 다큐멘터리 사진과 언어가 이 거리의 부정적인 이미지를 고착시켰고, 이곳에 사는 예술가나 클럽, 소극장의 모습 같은 다양한 이면은 가렸던 것이다. 결국 바워리 가를 주제로 한 로슬러의 이 작업은 복잡한 세상의 문제를 묘사하는데 지표적 기호로서의 사진과 텍스트는 충분치 않음을, 의미망에는 언제나 구멍이 있음을 드러낸다.

Case 5. 사이 톰블리

'본질'을 기호로 담은 그림

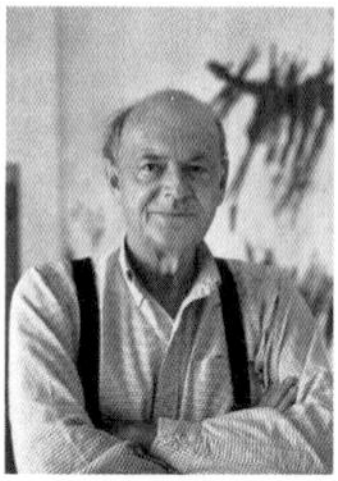

사이 톰블리

사이 톰블리Cy Twombly, 1928-2011는 뉴욕의 미술학도였던 20대 초에 로버트 라우센버그Robert Rauschenberg와 교류하고 그 영향으로 당시 미국 현대 미술교육의 산실이자 최전방이던 블랙마운틴컬리지Black Mountain College에 들어간다. 이곳에서 프란츠 클라인Franz Kline, 로버트 마더웰Robert Motherwell을 비롯한 다양한 장르의 아티스트들과 공부하며 창조적 영감을 받았다. 톰블리의 예술 인생에 또 다른 획을 긋는 경험은 1952년의 북아프리카와 유럽 여행이다. 지중해의 역사와 지리, 그리스·로마 신화, 고전 문학을 향한 그의 끝없는 관심은 이 여행과 무관하지 않다. 톰블리는 일찌감치 로마로 이주했고, 이후 그의 삶과 작품활동의 기반이 된 것은 뉴욕이 아닌 유럽이다.

캔버스와 같은 매체에 고체의 매질들을 긁거나 긋고, 물감과 같

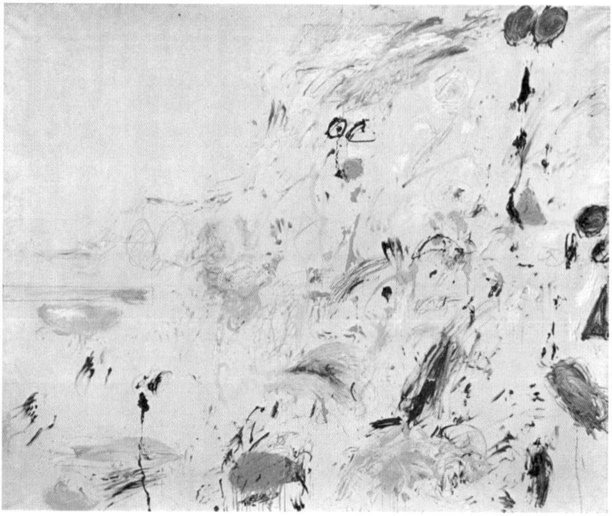

사이 톰블리, 〈나폴리 만〉, 1961

은 매질은 응고시키거나 처바르기도 하는 한마디로 말해 화폭에 '흔적'을 남기는 것이 톰블리의 방식이다. 바르트는 미술 재료의 물질성이 회화 표면에 그대로 산재하는 톰블리의 기법은 물질이 스스로의 본질을 드러내게 하며, 그것들이 의미들로 쪼개지기 전의 절대적 근원을 보여준다고 썼다.[13] 지저분하게 보일 수도 있는 이 흔적들이 바르트에게 오히려 순수함에 근접하는 경험을 선사했던 것이다. 그는 톰블리의 회화에서 아무렇게나 던져지고 흩뿌려지는 동적 요소, 그리고 "성기게 채워진Rarus" 화면의 정적 요소가 함께 작용하여 소위 "지중해 효과Mediterranean effect"를 불러온다고 논했다.[14] 여기서 지중해 효과란 동양의 선禪, 사토리Satori를 연상시키는 톰블리 회화 특유의 감각을 표현하기 위해 바르트가 만든 말이다. 톰블리의 작품이 보여주는 '동근원성同根源性'을 지중해의 빛과 공간을 상기시키는 순수함과 가벼움으로 풀어 설명한 것이다. 1961년 작 〈나폴리 만The Bay of Naples〉에 보이는 응고되고 흩뿌려진 물감들은 제각기 자유로운 형태지만 그 어느 것도 무게감을 주지 않는다. 우연성과 공기로 가득 채워진 느낌의 화면은 그 물질들의 본질 그대로를 담고 있는 듯하다.

톰블리는 자신의 회화에 역사, 신화, 문학, 지명 등에서 따온 거창한 제목을 즐겨 붙인다. '이탈리아인들', '아테네 학당', '갈라테이아의 승리', '레다와 백조', '아킬레스의 복수'와 같은 제목들이다. 그런데 제목에 등장하는 인물이나 장소의 도상icon은 그림에서 찾기 어렵다. 세 작품을 예시로 살펴보자. 〈이탈리아인들〉(1961)은 〈나폴리 만〉보다 옅은 색채, 그리고 더 많은 드로잉 선이 보이는 그림이며, 〈갈라테이아의 승리Triumph of Galatea〉(1961)는 〈나폴리 만〉보다 더 화사하고 강렬한 작품이다. 그런데 〈이탈리아인들〉에서 이탈리아인이 보이지 않고 〈갈라테이아의 승리〉에서도 이 그리스 신화 장면을 식별할 수 없다. 〈나폴리 만〉에도 만이 쉽게 보이지 않으니, 세 작품의 제목을 서로 바꿔 놓아도 혼란이 없을 정도다.

바르트는 톰블리의 작명은 의미를 읽어내려는 관람자의 욕구에 미끼를 드리우는 것이며, 제목에서 시작된 관람자의 의미작용은 캔버스에 이르러도 절대 완성될 수 없음을 지적했다. '이탈리아인'은 오직 작품의 제목 안에만 존재하기 때문이다. 크라우스는 바르트

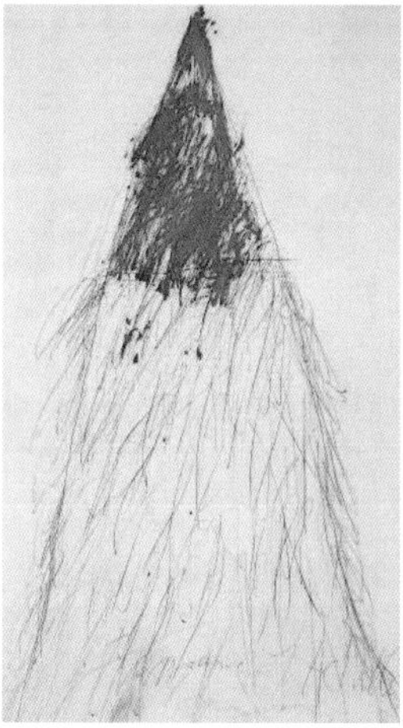

사이 톰블리, 〈아킬레스의 복수〉, 1962

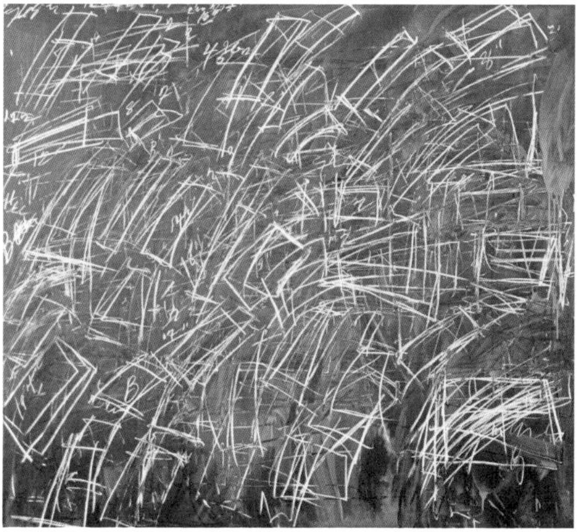

사이 톰블리, 〈무제〉 뉴욕 시티, 1967

의 기호학적 독해를 지지하고 보완하면서 톰블리의 언어가 '수행적 performative' 역할을 한다고 설명했다. 작품명을 붙이는 행위는 그 작품이 본질적으로 하나의 "그림"이라는 의미를 보여주는데 핵심이 있다는 것이다.[15]

Case 6. 최정화

"가소성의 기호학"을 시각화한 플라스틱 작업

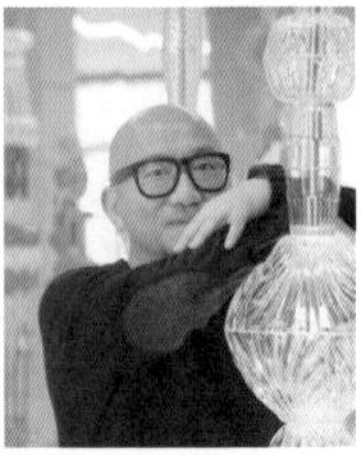

최정화

최정화Choi Jeong Hwa, 1961-는 한국의 대표적인 설치미술가로, 온갖 플라스틱 소비재, 재활용품, '발견된 오브제found objects' 등을 작품의 재료로 활용한다. 이런 재료들은 소박한 인상, 때로 통속적인 느낌을 주며 재료의 물성 자체가 일종의 기호가 되어 관람자에게 의미작용을 일으키기 마련이다. 일상과 떨어질 수 없는 작품 재료의 성격에서 짐작되듯, 최정화의 미술은 보편성과 지역성을 함께 담기에 해외에서도 주목받는다. 작가는 홍익대학교 회화과를 졸업했지만, 1987년 이래 설치 작업 중심으로 활동해왔다. 디자인, 건축, 미술감독 등 여러 방면에서 활약하며 예술과 실용의 경계를 넘나드는 행보를 보이고 있다.

2013년 대구미술관의 개인전에서 선보인 〈카발라Kabbala〉는 빨간색과 초록색 플라스틱 소쿠리를 이어 붙인 대규모 설치작품이며

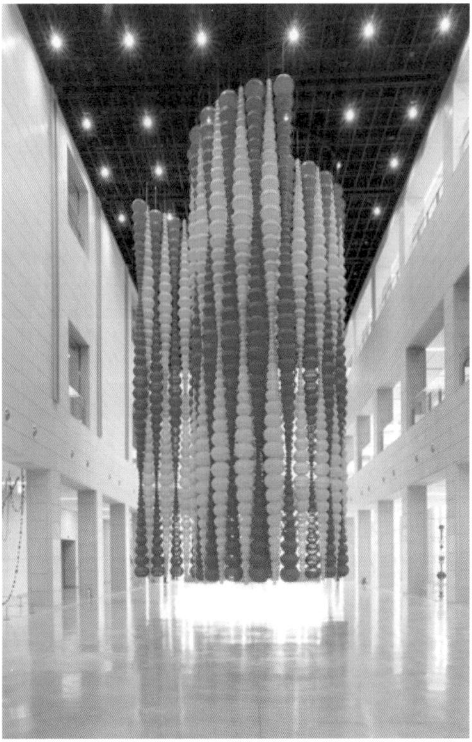

최정화, 〈카발라〉, 2013

공중에 매달려 있는 '탑'처럼 보이기도 한다. 소쿠리란 원래 '대나무나 싸리를 엮어 테가 있도록 만든 그릇'을 이르는 말이다. 소쿠리의 역사는 한반도에서 식생활의 역사만큼 길다. 공장 대량생산과 자본주의의 성장기에는 수공이 아닌 플라스틱 소쿠리가 대세였다. 후기자본주의 시대가 무르익은 오늘날, 형형색색의 플라스틱 소쿠리는 고급화된 조리도구들에 밀려 향수를 자아내는 물건에 가깝다.

미술사가 윤난지는 2013년 논문에서 최정화의 소쿠리를 다중적 기호로 논한다.[16] 그에 따르면 이것은 플라스틱이라는 자본주의의 일반적 기표와 소쿠리라는 한국성의 기표가 만난 것이며, 거대한 동시에 텅 비어있는 소쿠리의 탑은 성聖과 속俗을 넘나드는 '예술'이라는 기호이자 그 텅 빈 껍질을 드러내는 또 다른 기호라는 것이다.[17]

그런데 더욱 흥미로운 것은 플라스틱 소재의 특성, 그리고 그와 연관된 '플라스틱plastic, 가소성 있는'이라는 어휘의 의미가 이루는 기호 작용이다. 플라스틱은 형태를 쉽게 바꿀 수 있다는 점에서 후기자본주의 혹은 포스트모던 시기의 부유하는 기표들의 특성을 가리킬 수 있는 말이기도 하다. 문화이론가 프레드릭 제임슨Fredric Jameson은 우리 시대 문화에서 기호는 그 의미작용의 원리 자체가 변화하여, 깊이가 "다수의 표면들multiple surfaces"로 대치됐다 했고, 윤난지는 제임슨이 간파한 기호의 가소성plasticity이 최정화의 플라스틱 작업에서 시각화됐다고 통찰했다.[18] 요컨대, 포스트모던 시대의 부유하는 기호의 장은 가소성을 특징으로 하며 최정화의 플라스틱 작업은 그 세계의 표면과 내면을, 보편적 맥락과 한국적 맥락이 교차하는 지점에서 표상하고 있다.

한편 플라스틱이 주재료가 아닌 작품에서도 가소성의 기호학이 연상된다. 최정화의 2018년 작업인 <민들레>와 2015년의 <늙은 꽃>은 다양한 사람들이 직접 사용했던 물건들을 기부받거나 수집해서

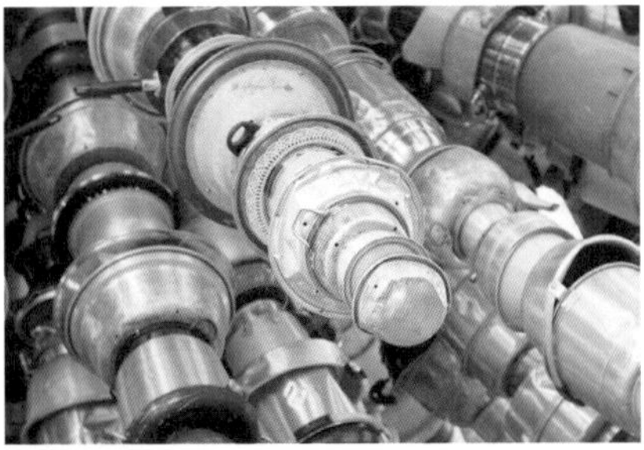
최정화, 〈민들레〉 세부, 2018

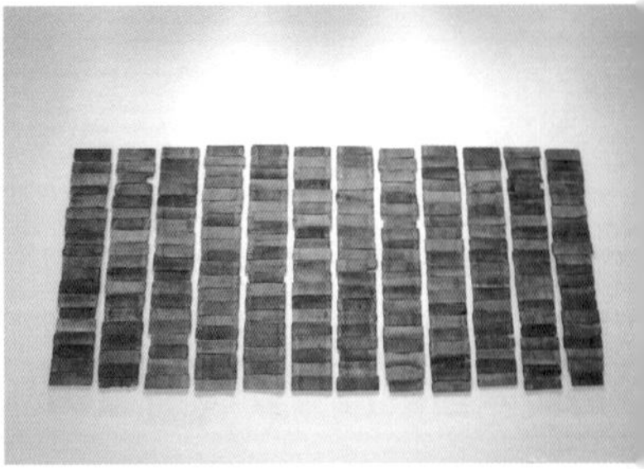
최정화, 〈늙은 꽃〉, 2015

제작했다는 공통점이 있다. 〈민들레〉는 다채로운 소재의 그릇들 7천 개를 기증받아 엮은 공공예술 작품이다. 〈늙은 꽃〉은 중국 각지에서 모은 나무 빨래판을 12줄로 배열하여 벽에 붙인 대형 설치 작업이다. 그릇, 빨래판이라는 범주 안에서의 수집과 배열이지만 낱낱의 물건들은 모두 다른 경로를 거쳤을 것이다. 그릇마다, 빨래판마다 한때는 고유한 이야기가 함께 했을 것이다.[19] 그런 맥락에서 최정화의 이 작업을 "기의에서 분리되어 떠도는 기표들"의 집합이라 생각할 수 있다. 작품의 의미에 대해 최정화가 평소 가진 생각은 "모든 의미는 관람자들에게서 나온다"라는 것이다. 그의 작업은 기의를 담거나 표현하려 애쓰는 대신 부유하는 기표들을 관람자에게 제시하는 행위이며 그 자체가 공장에서 대량 생산되는 플라스틱을 닮았다.

오세령 발제/전영백 감수

기호학 1교시 강의

1) 마단 사럽, 『후기구조주의와 포스트모더니즘』, 전영백 옮김, 조형교육, 2005, p. 329.
2) 마이클 해트, 샬럿 클롱크, 『미술사 방법론: 헤겔에서 후기식민주의까지 미술사의 다양한 시각들』, 전영백과 현대미술연구회 옮김, 세미콜론, 2013, p. 324.
3) 세계에 관여하여 작동하는 주체의 의미작용에 관한 보다 심화된 내용을 위해 다음을 참조할 수 있다. 카자 실버만, 『월드 스펙테이터: 하이데거와 라캉의 시각철학』, 전영백과 현대미술연구회 옮김, 예경, 2010, pp. 219-223.
4) Kaja Silverman, *The subject of semiotics*, New York: Oxford University Press, 1983, p. 3.
5) 다른 말로, 기표는 '의미있는 형태(a meaningful form)'이고 기의는 그 형태가 야기하는 개념(the concept)을 지칭한다.
6) 미술사 논의에 연관되는 소쉬르 이론의 주요 내용은 마이클 해트와 샬럿 클롱크의 책에 정리돼 있다. 『미술사 방법론』, pp. 325-335.
7) 구조주의와 후기구조주의의 공통점은 다음 책의 서론에서 찾아볼 수 있다. 마단 사럽, 『후기구조주의와 포스트모더니즘』, pp. 11-16.
8) 마이클 해트, 샬럿 클롱크, 『미술사 방법론』, p. 328.
9) Dylan Evans, *An introductory dictionary of Lacanian psychoanalysis*, London and New York: Routledge, 1996, p. 183.
10) Dylan Evans, *An introductory dictionary of Lacanian psychoanalysis*, p. 184.
11) 기표와 기의의 관계에 관한 라캉의 시각은 다음의 책들에서 다루고 있다. 마단 사럽, 『후기구조주의와 포스트모더니즘』, pp. 24, 26-27; 카자 실버만, 『월드 스펙테이터』, pp. 98-100.
12) 르네상스 미술의 근본 시각인 원근법은 '투명한 창문'으로 은유된다. 이 시각의 투명성은 과학적 객관성을 의미하는 은유인 것이다. 서구의 시각철학에서 이 원근법의 투명창 시각의 중요성은 강조해도 부족할 정도다. 원근법 시각이 '하나의 지배적인 눈'을 상정한다는 점을 투명성과 더불어 이해해야 하는데, 이를 심도 있게 설명한 책으로 마틴 제이(Martin Jay)의 명저를 참고하기를 적극 권한다. 마틴 제이, 『눈의 폄하: 20세기 프랑스 철학의 시각과 반시각』, 전영백 외 옮김, 서광사, 2019, pp. 84-89.
13) 필자는 '반투명한 막'으로 세상을 보는 시각을 라캉의 응시 이론에서 설명하는 '이미지/스크린'과 연관하여 다음의 책에서 자세히 서술하였다. 전영백, 『세잔의 사과: 현대사상가들의 세잔 읽기』(확장판), 한길사, 2021, pp. 361-367.
14) 마이클 해트, 샬럿 클롱크, 『미술사 방법론』, p.331. 여기서 필자가 지칭한 라캉에 미친 소쉬르의 영향은 언어중심성을 뜻하는 것이기에 부분적이라 서술했다. 소쉬르는 라캉과 달리 의식의 차원만 다뤘다는 점을 밝힌다.
15) 미니멀리즘의 형성 및 개별 작가들의 작업, 그리고 그 미학을 함께 살펴보기 위해서는 다음의 책을 참고할 수 있다. 전영백, 「10장: 미니멀리즘」, 『현대미술의 결정적 순간들: 전시가 이즘을 만들다』, 한길사, 2019, pp. 371-414.
16) 이에 직결되는 내용으로, 실재성에서 파생되는 지표(index)의 개념을 포스트모던 미술의 주요 특성과 연관하여 정리한 필자의 논문을 참고할 수 있다. 전영백, 「미술사의 사진에 관한 화두: 사진의 정체성과 예술성에 관한 논의」, 『미술사연구』, 제20집, 2006, pp. 320-322.
17) 미술사 논의에 깊이 연관되는 퍼스 이론의 주요 내용은 해트와 클롱크의 책에 정리돼 있다. 『미술사 방법론』, pp. 335-341.
18) 이와 연관된 바르트의 말을 인용한다. "사진은 스스로를 현실의 기계적 유사물로 표명하여, 1차

적 메시지가 그 실체를 가득 채우기에 어떠한 2차적 메시지가 개입할 여지를 조금도 남기지 않는다." Roland Barthes, 'Photographic Message' in *Image-Music-Text*, Stephen Heath(trans.), New York: Hill and Wang, 1977, p. 18.

19) 제이 에멀링이 언급한 대로, 바르트는 사진의 기호학을 해독하거나 모던 신화를 심층 분석하려고 사진에 대해 성찰한 것은 아니다. 『카메라 루시다』는 학술서가 아닌 모친의 죽음이 계기가 되어 저술한 개인적인 에세이인데 사진에 대한 존재론적 성찰로서 사진의 특성과 매력을 탐색한다. Jae Emerling, *Theory for Art History*, New York: Routledge, 2005, p. 75.

20) Roland Barthes, *Mythologies*, Annette Lavers(trans.), New York: Hill and Wang, 1972, p. 113.

21) 마틴 제이는 『눈의 폄하』 8장에서 기호학자이자 문화 비평가로서 바르트가 사진과 이미지에 관해 남긴 사유를 심도 있게 조망하고 있다. pp. 579-654.

22) 라캉의 '실재계 *the Real*'는 이 책의 2부 「정신분석학」에서 다루고 있으며, 크리스테바의 '기호계 *the semiotic*'에 대해서는 다음 논문에서 참고할 수 있다. 전영백, 「미술사와 정신분석학 담론: 줄리아 크리스테바의 기호학적 그림 읽기」, 『미술사학보』, 제17집, 2002, pp. 213-251. 칸트의 '물자체(그 자체로서의 사물) *the thing-in-itself*'는 다음을 참고 바란다. 전영백, 『세잔의 사과: 현대사상가들의 세잔 읽기』, 한길사, 2021, pp. 69-70.

23) 라캉의 말 중 인용할 중요 문구가 또 하나 있다. 그것은 "여성은 존재하지 않는다. 여성은 단지 기호일 뿐이다 *Woman doesn't exist. Woman is just a sign*"란 말이다. 이는 소위 '여성'이라 의미하고 소통하는 기호로 여성의 존재가 한정된다는 것을 가리키는 말이다. 그만큼 언어(언표)는 강력하고 의미의 특권을 지닌다는 것이다. 동시에 이 말은 언어의 한계를 드러내기도 한다. 다시 말해, '그것이 정말 여성인가?', '그것이 제대로 여성의 존재를 드러내는가?'를 반문하게 하는 의도도 깔려있기 때문이다. 이는 프랑스 페미니스트들이 왜 근본적으로 라캉의 시각을 수용했는가를 이해하게 한다. 물론 이들은 여성 주체의 입장에서 라캉과 프로이트의 남성중심주의에 강력한 비판을 제시했다.

24) 라캉의 이 언명이 가진 함의와 그 영향 관계는 다음에서 살펴볼 수 있다. 마틴 제이, 『눈의 폄하: 20세기 프랑스 철학의 시각과 반시각』, 전영백 외 옮김, 서광사, 2019, pp. 432, 445; 마단 사럽, 『후기구조주의와 포스트모더니즘』, pp. 21, 23-24, 164.

25) 마단 사럽, 『후기구조주의와 포스트모더니즘』, pp. 60-61 참조.

26) 마단 사럽은 이를 다음과 같이 정리한다. "첫째 어떤 특정 기호도 어떤 특정 기의를 일컫는다고 간주할 수 없고, 둘째 우리는 기표들의 체계를 탈출할 수 없다. 종합해 보면 결국 순수 현존은 있을 수 없다는 것이다." (위의 책, p. 65.)

27) 마단 사럽, 『후기구조주의와 포스트모더니즘』, pp. 66-67.

28) '차연(différance)'은 차이(difference)이면서도 연기(defer)된다는 것이기에 의미의 다층성을 담보한다. 먼저 연기라고 한 이유는 의미가 기표들의 사슬에 따라 계속 미끄러지는 것이기에 연기된다고 하는 것이다. 시간성이 함의되어 있는 것을 알 수 있다. 그리고 차이로 보자면, 데리다가 텍스트상의 공간(textual space)이라 할 때 이는 공간적 상징 의미를 뜻하는 것이다. 말하자면, 차연이란 개념에는 텍스트의 공간적 차이와 더불어 시간적으로 그 의미가 연기되는 것 모두가 포함되어 있다고 하겠다.

29) 데리다의 해체주의에 대해 다음의 책들에서 보다 자세히 알아볼 수 있다. 마단 사럽, 「2장: 데리다와 해체이론」, 『후기구조주의와 포스트모더니즘』, pp. 59-100; 마틴 제이, 「9장: "남근로고스시각중심주의": 데리다와 이리가레」, 『눈의 폄하』, pp. 655-723.

30) 이 책에는 우리가 잘 아는 대로, 반 고흐의 구두 그림에 대해 철학자(마틴 하이데거)와 미술사학자(마이어 샤피로) 사이의 논쟁을 다루고 이를 데리다가 해체하는 글이 수록돼 있다.

기호학 2교시 심화 발제

1) Chris Murray, *Key writers on art*, London and New York: Routledge, 2003, p. 243.

2) "샤피로의 1966년 기호학 논문이 특히 논한 것은 시각예술의 다양한 '틀'과 '토양'이 예술가의 지표성을 확인해 줌은 물론 관람자들의 다양한 수용방식에 작용할 수 있다는 점이었다." 위와 같음.

3) 마이클 해트, 샬럿 클롱크, 『미술사 방법론: 헤겔에서 후기식민주의까지 미술사의 다양한 시각들』, 전영백과 현대미술연구회 옮김, 세미콜론, 2013, p. 342.

4) 미술에서 단축법은 사물이나 인물을 표현할 때 그것을 바라보는 시점에서 원근법에 따라 상대적으로 축소된 형태로 나타내는 기법을 의미한다.

5) 마이클 해트, 샬럿 클롱크, 『미술사 방법론』, pp. 345-346.

6) Chris Murray, *Key writers on art*, p. 15.

7) 위의 책, pp. 15-16.

8) '실제적인 것에 대한 기호'는 작품을 "자연을 재현한, 즉 실제 장면을 표현한 것"으로 해석한다. '텍스트에 대한 기호'의 해석을 통해서는 작품을 "인공적이고 구성적인 어떤 것, 각기 다른 많은 것들을 의미하는 기호들로 가득한 미술작품이라고 인식하게 된다." 마이클 해트, 샬럿 클롱크, 『미술사 방법론』, p. 348.

9) 위의 책, pp. 348-349.

10) 기호분석(semanalysis)은 의미를 뜻하는 'sem'과 분석을 뜻하는 analysis의 합성어이다. 노엘 맥아피, 『경계에 선 줄리아 크리스테바』, 이부순 역, 앨피, 2007, p. 7.

11) Andrew Edgar, Peter Sedgwick, *Cultural Theory: The Key Thinkers*, London and New York: Routledge, 2001, p. 124.

12) Julia Kristeva, 'Holbein's Dead Christ', *Black Sun: Depression and Melancholia*, New York: Columbia University Press, 1989, pp. 105-138.

13) 기호계는 크리스테바의 논문 「시적 언어의 혁명 *Revolution in Poetic Language*」(1974)에서 처음 등장한 개념이다. 마단 사럽(Madan Sarup)의 설명을 인용한다. "기호계는 율동적·활동적·분산적인 일련의 신체적 힘으로, 아이의 몸에서 경험하는 기쁨, 소리, 색 혹은 움직임을 증식시키려 애쓴다. 마치 억압된 것처럼 기호계는 상징계 안에서 분열상태로 돌아갈 수 있다. 기호계는 상징적 기능의 필수조건임과 동시에 상징이 통제 불가능할 정도로 넘쳐나는 상태이기도 하다. 담론은 기호계를 사용하기는 하지만 그것을 명료하게 표현할 수는 없다." 마단 사럽, 『후기구조주의와 포스트모더니즘』, 전영백 역, 조형교육, 2005, p. 205; 주지하다시피 상징계는 객관적이고 소통이 가능한 사회적 의미영역이다. 기호계와 상징계는 긴밀히 관계를 맺으며 병행하여 의미구조를 이룬다.

14) 기호계, 오이디푸스 단계, '아버지의 이름'에 관한 설명은 사럽의 책을 발췌, 요약했다. 『후기구조주의와 포스트모더니즘』, pp. 34-35, 203-206; 사럽은 다음과 같은 말로 기호계와 상징계의 관계를 잘 보여준다. "간단히 말해 상징적/오이디푸스적/사회적 양식은 발화할 수 없고 표상할 수 없는 기호적/모성적/여성적인 방식 덕분에 존재하는 것이다." 같은 책 p. 205.

15) 전영백, 『세잔의 사과: 현대사상가들의 세잔 읽기』, 한길사, 2021, p. 93.

16) 위의 책, p. 94.

17) 『검은 태양』에서 크리스테바는 멜랑콜리(melancholy)라는 용어를 제시한다. 이때 크리스테바의 멜랑콜리는 일반적 의미의 우울함처럼 감정과 동일한 것이 아니다. 그러한 감정과 분리된 것은 아니나 그보다 중요하게, 멜랑콜리는 의미 체계와 기호의 연관에 있어서 주체와 상징 사이의 특정 관계를 지칭한다. 전영백, 「미술사와 정신분석학 담론: 줄리아 크리스테바의 기호학적 그림 읽기」, 『미술사학보』, 제17집,

2002, p. 241; 노엘 맥아피, 『경계에 선 줄리아 크리스테바』, p. 118-119.

18) 전영백, 『세잔의 사과』, p. 91.

19) 'caesura'는 단절(cutting)을 의미하며, 본래 그리스·라틴 시학에서 운율 상의 '중간 휴지(break, cutting)'를 가리킨 말이다. 크리스테바는 이 글에서 'separation'과 'severance'를 caesura와 유사한 의미로 사용하고 있다.

20) 〈죽은 그리스도〉는 바젤의 법학자이자 홀바인의 후원자였던 아메르바흐(Bonifacius Amerbach)가 의뢰하여 1522년에 완성된 것으로 추정된다. 작품의 용도는 정확히 밝혀지지 않았다. 제단화의 하부를 구성하는 부차적 부분인 프레델라(predela)로 그려졌다거나, 아예 독립된 작품일 것이라는 등의 여러 해석이 존재한다. 그리스도의 죽음을 다룬 이 작품의 양식은 기독교 도상학적으로 볼 때 그 전례, 그리고 이를 계승한 후대 작품을 찾아보기 어려운 이례적인 경우다. 소장처인 스위스 바젤미술관 웹사이트의 작품 소개 참조. 〈https://kunstmuseumbasel.ch/en/collection/masterpieces#&gid=1&pid=59〉, accessed 1 Feb. 2022.

21) 당시 도스토옙스키와 동행했던 그의 아내가 이 경험을 상세히 회고했다. 바젤미술관의 전시 《홀바인과 도스토옙스키: 죽은 그리스도와 그 효과》(2021-2022) 월텍스트(wall text) 참조. https://kunstmuseumbasel.ch/en/exhibitions/2021/holbein-and-dostojewski/texts, accessed 1 Feb. 2022.

22) 『백치』에서 미시킨 공작이 본 것은 정확히는 작품의 모작이다. 이폴리트라는 작중 인물도 상세한 감상을 남겼다. 그는 보통 사람의 시체와 다를 바 없는 예수의 시신을 제자와 신도들이 봤다면, 그들은 과연 그 몸이 부활할 것을 믿을 수 있었겠는지를 묻는다. 즉 이들이 말하는 것은 홀바인의 사실적인 죽음 표현이 관람자로 하여금 부활의 가능성을 의심하게 하여 궁극적으로는 신앙을 잃게 할 수도 있다는 것이다. 표도르 도스토옙스키, 『백치』, 김근식 옮김, 열린책들, 2021, 상권 p. 426, 하권 pp. 170-172; Julia Kristeva, *Black Sun*, pp. 107-108.

23) "홀바인 그림에의 미술사적 관심은 자연스럽게 정신분석학 맥락의 기호학적 관심으로 전개된다. 크리스테바가 여기에서 제시하는 멜랑콜리는 단순히 일반적 의미의 감성적 차원의 우울증이 아니고 의미체계와 기호연관에 있어서의 주체와 상징 사이의 특정 관계를 지칭한다." 전영백, 「미술사와 정신분석학 담론: 줄리아 크리스테바의 기호학적 그림 읽기」, p. 241.

24) 크리스테바는 고립적인 구성을 분석하며 다음과 같이 언급한다. "[…] 그리스도의 버려짐은 여기서 절정에 달한다. 그는 성부(the Father)로부터 버려졌으며, 우리 모두와도 단절돼있다." Julia Kristeva, *Black Sun*, pp. 112-113.

25) 위의 책, pp. 132-135.

26) 전영백, 「미술사와 정신분석학 담론: 줄리아 크리스테바의 기호학적 그림 읽기」, p. 243.

27) Julia Kristeva, *Black Sun*, pp. 132-135.

28) 전영백, 「미술사와 정신분석학 담론: 줄리아 크리스테바의 기호학적 그림 읽기」, p. 243.

29) 'John 1:1', *Holy Bible, New International Version*, Biblica, 2011; 'word'는 헬라어(고대 그리스어)로 'logos'이다.

30) 크리스테바는 종교개혁운동의 영향으로 인한 시대상의 변화를 다음과 같이 짚고 있다. "종교개혁파와 인본주의자 두 진영 모두에서 인간의 고통과 죽음에의 대면을 강화하는 경향이 나타났고, 이것은 공교회의 얕은 상술에 대한 진실과 도전의 증거다." 위의 책, pp. 121-122.

31) 크리스테바는 이 징후가 〈화가의 부인과 두 큰 아이들의 초상 *Portrait of His Wife and His Two Elder Children*〉(1528)과 〈고통의 그리스도와 고통의 성모 *Christ as the Man of Sorrows and The Virgin as the Mater Dolorosa*〉(c1520) 두 작품에 '고통의 각인'이라는 표현적 특성으로 드러났으며,

홀바인의 새로운 관심사이자 시련은 '죽음'의 형태에 관한 것이라 쓰고 있다. "[…] 상상할 수도 볼 수도 없는 죽음의 형태는 이 변화된 사람(여지 없이 홀바인 그 자신)의 관심을 사로잡으며 그의 새로운 시련이 된다." 위의 책, p. 122.

32) 위의 책, p. 136.

33) 위와 같음.

34) "홀바인의 〈죽은 예수〉에서 두드러지는 고립적 구성과 최소한의 표현은 단순히 신의 아들의 지극히 사실적이고 인간적인 죽음을 나타낸 것으로 끝나지 않는다. 핵심은 그 고립의 과장과 표현의 최소화가 가져오는 기호학적 의미이고 정신분석학적 파급효과이다." 전영백, 「줄리아 크리스테바의 기호학적 그림 읽기」, p. 243.

35) "우울한 사람이 설명할 수 없는 것을 스칠 때, 그에게 가장 거슬리는 기호는 가장 평범한 기호다. 고딕의 열정과 대조적으로, 인본주의와 절제는 멜랑콜리의 산물이었다." Julia Kristeva, *Black Sun*, p. 115.

36) 위의 책, p. 125.

37) 위의 책, p. 129.

38) 위의 책, pp. 129, 137.

39) 전영백, 「폴 세잔의 〈대 수욕도〉에 대한 정신분석학적 고찰」, 『서양미술사학회 논문집』, 제12집, 1999, p. 80.

40) "종교개혁파 신학자들은 […] 말(말씀)이나 소리(음성)가 아닌 이미지, 모든 구상적 표현물(형태, 사물)과의 진짜 전쟁을 시작했다." Julia Kristeva, *Black Sun*, p. 121.

기호학 3교시 응용 발표

1) "Victor Burgin's Photopath is unique: a Borgesian image-object that seems to break every rule of photography, while adhering so strictly to the medium's oldest aspiration, to substitute itself for the world." David Campany, 'Victor Burgin, Photopath, 1967/1969', *EXIT MAGAZINE*, ISSUE No. 74(2019) (https://davidcampany.com/victor-burgin-photopath-1967-1967).

2) 즉, 《소유》가 대중을 접한 장소는 미술관이 아닌 영국 잉글랜드 북동부의 도시 뉴캐슬 어폰 타인(Newcastle upon Tyne)의 시가지다.

3) 다음은 홀저의 인터뷰다. "I don't know exactly what made me shift, but finally I wound up being more interested in the captions than the drawings. The captions told you everything in a clean, pure way. This was the beginning — or one of the beginnings — of my writing." Bruce Ferguson, 'Wordsmith: an interview with Jenny Holzer', *Art in America*, (Dec., 1986), p. 111; Gordon Hughes, 'Power's Script: Or, Jenny Holzer's Art after "Art after Philosophy"', *Oxford Art Journal*, vol. 29, no. 3(2006), p. 425에서 재인용.

4) "In removing the caption from the diagrammatic image, Holzer collapses the ground that supports the identity of its language. It is thus of particular significance that Holzer's initial foray from image to language is marked by a concern with structural collapse and the loss of sematic value." 위와 같음.

5) "*The Truisms* are thus claimed as a single text-based work whose singular status is secured through language, prior to, and independent of, its material presentation." Gordon Hughes, 'Jenny Holzer's Art after "Art after Philosophy"', p. 421.

6) David Joselit, 'Voices, bodies, and spaces', in *Jenny Holzer*, London: Phaidon Press, 1998, p. 45.

7) Gordon Hughes, 'Power's Script: Or, Jenny Holzer's Art after "Art after Philosophy"', p. 422.

8) "[…] 즉 고전적 언어학이 '송신자'와 '수신자'라고 일컬으며 중립적인 것으로 가정하나 사실 남성으로 전제된 두 극 사이에 전달되는 메시지는 소위 언제나 침묵하는 파트너인 여성의 상징적 형식에 의해 작동하는 메시지라는 것이다." Hal Foster et al., *Art Since 1900*, New York: Thames & Hudson, 2016, p. 50.

9) "[…] 한 명의 여성 미술가로서 크루거는 그녀의 발언을 '빼앗고' 결코 '의미의 제작자' 행세를 하지 않음으로써 침묵의 항에 해당하는 이런 위치를 인정한다." 출처는 위와 같음.

10) August Jordan Davis, 'Martha Rosler's Fighting Legions: Semiotics of the Kitchen (1975/2003) - Performance and the (Video) Document' in *Dead History, Live Art? Spectacle, Subjectivity and Subversion in Visual Culture Since the 1960s*, Jonathan Harris (ed.), Liverpool: Liverpool University Press and Tate Publishing, p. 210; 이 작품의 전체 영상은 여러 유튜브 채널에서 찾아볼 수 있다.

11) August Jordan Davis, "Martha Rosler's Fighting Legions", p. 219.

12) Hal Foster et al., *Art Since 1900*, pp. 696-697; Abigail Solomon-Godeau. 'Photography after Art Photography(1984)' in *Photography at the dock: essays on photographic history, institutions, and practices,* Minnesota: University of Minnesota Press, 1991, pp. 103-123.

13) Roland Barthes, *The Responsibility of Forms*, Richard Howard(trans.), Berkeley: University of California Press, 1985, p. 178-179.

14) Roland Barthes, *The Responsibility of Forms*, p. 181-187; 'rarus'는 '듬성듬성한, 희소한'을 의미하는 라틴어다.

15) Rosalind Krauss, 'Cy Was Here: Cy's Up', *Artforum*, vol. 33, no. 1(Sep., 1994), pp. 70-75.

16) 윤난지, 「또 다른 후기자본주의, 또 다른 문화논리: 최정화의 플라스틱 기호학」, 『한국근현대미술사학』, 한국근현대미술사학회, 제26집, 2013, pp. 305-338.

17) 위와 같음.

18) 윤난지, 「최정화의 플라스틱 기호학」, pp. 306-307; 제임슨은 정통 마르크스주의 입장에서 포스트모더니즘 문화이론을 철학적으로 고찰해왔다.

19) 〈민들레〉의 그릇에 작가 본인이 담은 의미는 '어머니'다. 그는 "단순히 그릇이라는 물질적 차원을 넘어, 우리를 먹이고 키우신 어머니라는 찬란한 존재에 대해 더욱 주목하게" 됐다고 밝혔다. 국립현대미술관, '예술은 '일상의 거룩함'을 상기시키는 작업, 작가 최정화를 만나다', 국립현대미술관 [webpage], 〈http://www.mmca.go.kr/pr/blogDetail.do?bId=201810080000125&bCd=&cdId=&bGb=〉, accessed 3 Feb. 2022.

Psychoanalysis

2부

정신분석학

정신분석, 미술의 심리를 분석하다

주제의 정체성에 대한
자기 인식

1교시

강의

*** 수업 교재**

- 마단 사럽, 『후기구조주의와 포스트모더니즘』, 전영백 옮김, 조형교육, 2005.
- 마이클 해트, 샬럿 클롱크, 『미술사 방법론: 헤겔에서 포스트식민주의까지 미술사의 다양한 시각들』, 전영백과 현대미술연구회 옮김, 세미콜론, 2012.
- 전영백, 『세잔의 사과: 현대사상가들의 세잔 읽기』, 한길사, 2021(개정판).
- Jean Laplanche and J.B. Pontalis, The Language of Psychoanalysis, Donald Nicholson-Smith(trans.), London: Karnac, 1973.

*** 참고문헌**

- Jacques Lacan, *The Four Fundamental Concepts of Psyscho-Analysis*, Jaceques-Alan Miller(ed.), Alan Sheridan(trans.), London: Penguin Books, 1979.
- Jane Gallop, *Reading Lacan*, Ithaca: Cornell University Press, 1985.
- Malcolm Bowie, *Lacan*, Lon don: Fontana Press, 1991.
- Dylan Evans, *An introductory dictionary of Lacanian psychoanalysis*, London: Routledge, 1996.
- Hanna Segal, *Melanie Klein*, Penguin Books, 1981.
- Melanie Klein, *The Selected Melanie Klein*, Juliet Mitchell(ed.), Penguin Books, 1986.
- Griselda Pollock(ed.), *Psychoanalysis and Image: Transdisciplinary Perspectives*, Malden, MA: Blackwell, 2006.

Preview

정신분석학Psychoanalysis은 마르크스주의와 더불어 20세기에 가장 큰 영향을 준 이론이다. 이 이론은 예술 영역에 상당히 중요한 방법론을 제공했던 바, 미술작품을 둘러싼 개인적이고 사회적인 무의식적 욕망과 기억을 추적하고 성性심리적 요소를 탐구하는 데 기여해 왔다. 이를 테면 작품에 나타난 표상을 연구하여 작품 속에 감추어진 상징과 의미, 그리고 성적 욕망을 읽어내는 것이다. 이는 개인에만 국한되지 않고 사회적으로 억압된 욕망과 트라우마 또한 드러내고자 한다. 미술사 영역에서 보면, 1970년대 후반 영국에서 '신미술사학New Art History'이 등장한 이래 정신분석학은 미술사 방법론 중에서도 가장 주요하게 인식되며 빈번히 언급돼 왔다.

주체에 대한 심리적 탐구는 현대미술과 떼려야 뗄 수 없는 영역이고, 위의 개념들은 모던 및 포스트모던 아트에서 자주 활용되어 왔다. 이번 강의에서는 정신분석학자들 중 지그문트 프로이트Sigmund Freud, 1856-1939, 멜라니 클라인Melanie Klein, 1882-1960, 그리고 자크 라캉Jacques Lacan, 1901-1981을 들어 이론적 시각과 주요 개념을 핵심적으로 살펴보고 이들 사이의 관계와 차이를 알아보고자 한다.

강의를 시작하며

오늘도 시간은 한정되어 있는데 하고픈 이야기는 너무 많은 게 문제입니다. 이럴 땐 헤밍웨이의 말을 제 나름대로 적용한 말로 스스로 위안을 한답니다. 그건 "빙산을 다 설명할 필요는 없다. 우린 언제나 빙산의 표면만 이야기할 뿐이고 그 정도면 족하다."라는 겁니다.[1] 이제 정신분석학의 이론을 다루려는데, 그 엄청난 빙산을 얼마나 다룰 수 있을까요? 그저 표면을 통해 빙산 덩어리의 몸체를 추측할 뿐입니다. 이 시간에는 프로이트, 클라인, 그리고 라캉의 관계를 살펴보면서 주체의 자기 인식, 주체와 언어 및 사회와의 관계, 그리고 성 정체성에 관한 내용을 알아보고자 합니다.[2]

꼭 알아야 할 정신분석학자 3인: 프로이트, 클라인, 라캉

주지하다시피 프로이트는 정신분석학의 창시자로 오스트리아 제국 프라이베르크의 유대인 가정에서 태어났습니다. 그러나 어린 시절부터 생애의 대부분을 지낸 도시는 비엔나였는데, 1881년 비엔나 대학에서 의학 학위를 받았고 이후 신경질환 진료를 본 것도 이 도시에서였지요. 1938년 나치를 피해 런던으로 망명했고 이듬해 작고하였습니다.[3] 프로이트의 연구는 그가 1885년에서 1886년까지 파리 살페트리에르Salpêtrière 병원에서 장 마르탱 샤르코Jean-Martin Charcot와 더불어 히스테리 환자를 연구하면서 본격화되었습니다. 그는 샤르코와 연구하며 히스테리아를 질병으로 진단하고 최면술hypnotism로 치료하는 샤르코의 방식에 매료되었습니다. 그러나 그가 1886년 비엔나로 돌아와 외과전문의로 개업하고 신경질환을 치료한 방식은 자유연상free association을 활용한 '말하기 치료talking cure'로, 환자에게 자유롭게 자신의 경험을 말하도록 유도하는 것이었습니다.

프로이트는 1900년 즈음 꿈을 통한 무의식의 발현을 발표했고 뒤이어 소아성욕론을 제시했습니다. 그는 인간의 무의식을 탐구하는 체계적 방식을 전개했는데, 의식적 언어 분석을 통해 무의식의 흔적과 잠재된 억압을 추적했다고 말할 수 있어요. 그리고 억압과 그것의 표출 방식을 연구하여 문화적 산물과의 관계를 고찰했고요. 프로이트는 모든 증상symptom은 의미를 갖는다는 사실을 깨닫고 무의식, 억압, 상징 등이 서로 연결된다는 것을 밝혔어요. 병리적 치료학이 일반 심리학으로 전환되는 길을 열었다고 할 수 있지요. 그는 정신분석이란 무의식 탐구에 주목하는 학문이자, 신경 질환을 다루는 치료 방법이며, 문학과 미술사 등 문화의 여러 양상을 연구하는 메타심리학이라고 정의한 바 있습니다.[4] 정신분석학은 이후 폭넓게 영향을 미쳐 인간 주체의 자기 인식에 대한 이해와 사회적 관계 속 개인에 대한 이론적 근간을 제공했다고 할 수 있어요. 특히 주체의 성性 정체성에 관한 문제를 중심으로 제시된 오이디푸스 콤플렉스, 거세 공포, 페티시, 남근, 언캐니, 실재계 등의 개념들은 오늘날에도 다양한 학문에서 요긴하게 활용되고 있지요. 그의 주요 저서들은 모두 중요하지만 특히 『꿈의 해석』(1900), 『쾌락 원칙 넘어』(1920), 『자아와 이드』(1923)를 중요하게 꼽을 수 있습니다.

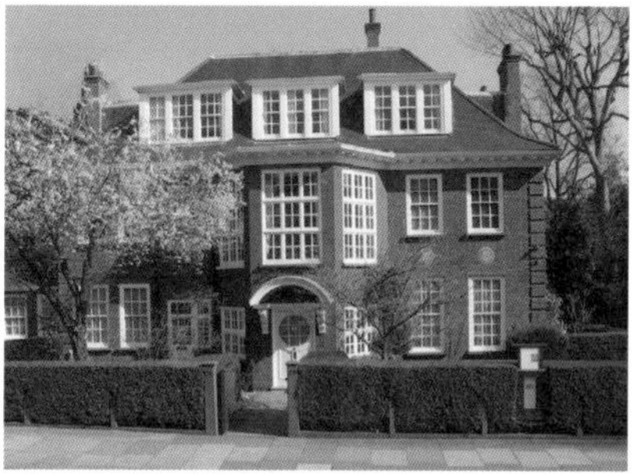

영국 런던의 프로이트 박물관

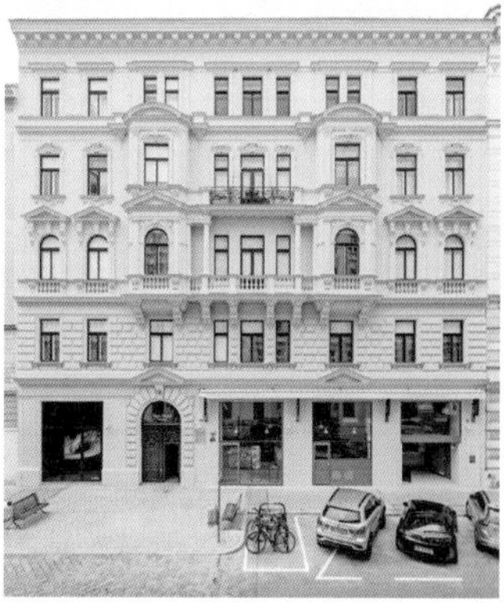

오스트리아 빈의 프로이트 박물관

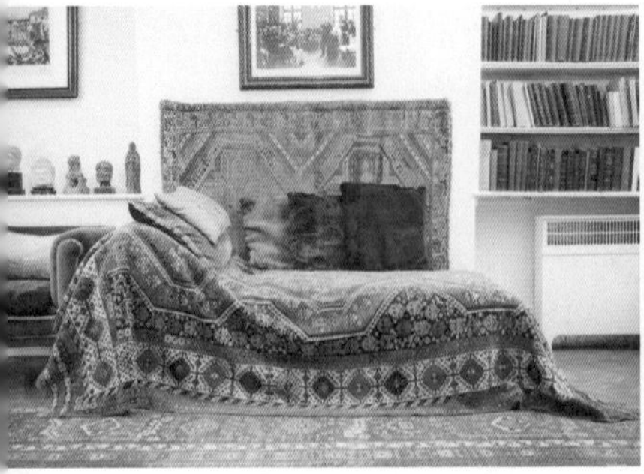

영국 런던의 프로이트 박물관 내 상담 소파

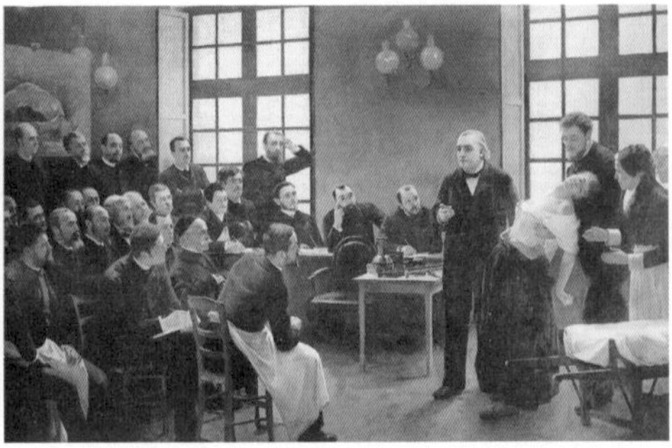

상담 소파 위 작품, 앙드레 브루이에(André Brouillet), 〈파리 살페트리에르에서의 임상 수업 Une leçon clinique à la Salpêtrière〉, 1887.

☞ 오스트리아 빈의 베르가세Berggasse 19번지에 있는 프로이트 박물관은 그가 47년 동안 실제로 살면서 연구했던 곳인데 1971년에 뮤지엄으로 설립되었다. 온 가족이 생활했던 방들, 그리고 지그문트와 그의 딸 안나의 치료 행적을 볼 수 있다. 이후 그가 1938년 나치를 피해 가족과 함께 런던으로 가서 1년 동안 지냈던 집 또한 현재 그의 박물관이다. 런던 박물관의 상담 소파 위에는 그가 살페트리에르 병원에서 함께 연구했던 샤르코의 히스테리아 시연 장면을 그린 회화의 프린트가 걸려 있다.

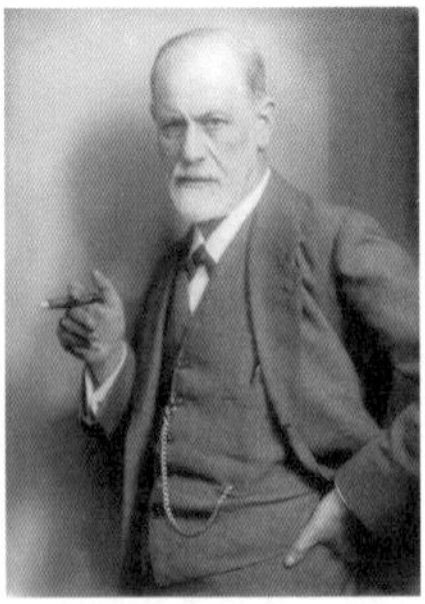

지그문트 프로이트

클라인의 경우는 본래 프로이트와 같은 오스트리아 국적으로, 비엔나에서 1882년 출생하여 독일을 거쳐 영국에서 주로 활동했습니다. 그녀의 학술적 멘토는 프로이트와 칼 아브라함Karl Abraham이었어요. 1910년 프로이트 저술을 처음 접하고 7년 후 그를 만나 지속적 영향을 받았지만, 보다 직접적 영향은 1920년에 만난 아브라함이었고 비록 짧았지만(14개월 동안) 그로부터 심리분석도 받았지요.[5] 두 거장의 이론적 영향 아래 클라인은 1919년부터 정신분석학 연구를 본격적으로 시작했는데, 1926년 영국에 자리를 잡고 1960년 작고할 때까지 그곳에서 연구하며 클라인 학파를 형성했어요. 그녀의 정신분석은 어린이 정신분석에 기여했으며 특히 2년 이하의 유아기에 그 연구가 집중돼 있습니다. 프로이트의 죽음충동 이론을 수용하여 초기 유아의 공격성을 밝히는 등 유아기의 심리분석과 최초의 대상인 어머니와의 관계 분석은 정신분석학의 범위를 파격적으로 앞당긴 연구였어요. 그리고 그녀의 '위상position'이나 '수정/복구reparation' 등의 개념은 병리적 인식을 보편적 심리구조로 이해하

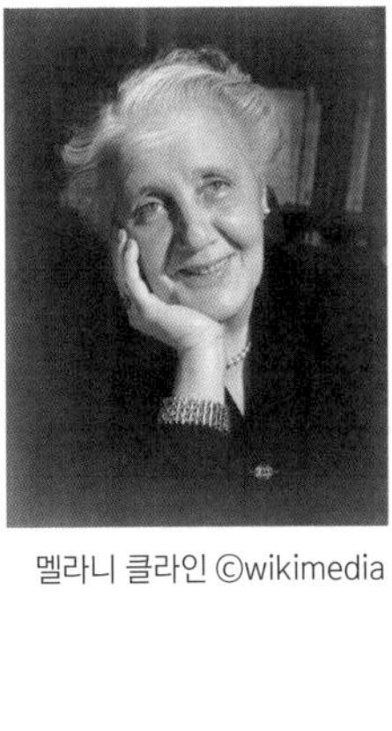

멜라니 클라인 ©wikimedia

는 데 기여했던 것이지요. 프로이트의 딸 안나 프로이트Anna Freud 또한 어린이 심리분석으로 클라인과 쌍벽을 이뤘는데, 베를린 학회에서 안나 프로이트가 주류를 차지했고 클라인의 연구는 영국에서 인정받았다고 할 수 있습니다.

끝으로, 라캉은 1901년 파리에서 출생했는데 정신의학을 전공하여 1928년에 스승인 가에탕 가시앙 드 클레랑보Gaëtan Gatian de Clérambault를 만나 그의 지도 아래 1932년 편집증을 주제로 박사학위를 받았습니다.[6] 라캉은 잘 알려진 바대로 출판된 책이 아닌 세미나를 통해서 자기 이론을 설파했어요.[7] 라캉 스스로가 책을 집필한 적은 없으나 그의 제자들이 세미나의 내용을 출판하여 책으로 남긴 것이지요. 라캉의 세미나는 1953년부터 1980년까지 총 27회 진행되었어요. 그 중 26회까지 출판되었고요. 라캉의 정신분석학은 주체에 대한 심리 구조적 이해를 제공하며 특히 시각계와 연관된 이론을 제시했는데, '거울단계 이론Mirror Phase theory'과 '응시 이론

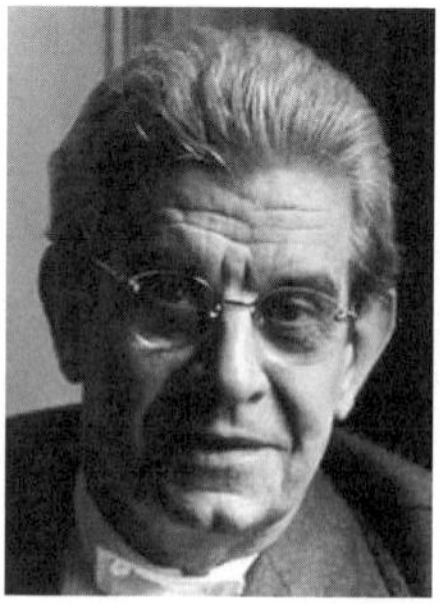

자크 라캉

theory of Gaze'이 대표적입니다. 전자의 경우 1936년에 발표됐고 13년 후인 1949년 소론을 거쳐 라캉의 논문 편집서인 『에크리』(1966)에 포함되어 있어요. 그리고 후자의 경우 라캉의 27회 세미나 중 가장 유명했던 제11회의 세미나에서 논의되었고, 이는 『정신분석학에서의 네 가지 근본 개념The Four Fundamental Concepts of Psychoanalysis』(1964)에 수록되었습니다.[8]

이와 같이 세 이론가의 기본적 소개를 마쳤으니 지금부터는 본격적인 수업 내용으로 들어가 봅시다. 우선 정신분석학 수업에 필요한 이론적 기반을 위해 프로이트의 성 정체성과 연관된 기본 개념을 알아야겠지요. 우리가 아는대로 프로이트는 성性에너지를 '리비도libido'라 부르고[9] 그 발달 과정을 다섯 단계로 분석했습니다. 잘 알려진 대로 구강기the oral, 항문기the anal, 남근기the phallic, 잠복기the latent, 성기기the genital입니다. 여기서 각 단계의 만족스럽지 못한 경험은 '고착fixation'을 가져오는데, 프로이트는 마지막 성기기 단계에 이르기까지의 복잡한 성 본능의 발달과정을 설명했어요.[10] 여기서 오이디푸스 콤플렉스와 연관되는 시기가 남근기이며 이 시기에 부모가 성적 욕망의 대상이 되는 것입니다.[11] 프로이트는 남근기에 발생하는 거세 공포가 어머니에 대한 성애와 아버지에 대한 남아의 공격성을 억압한다는 것을 밝혔어요. 그리고 그는 모든 인간은 남성적 성적 욕구와 여성적 성적 욕구의 양성애를 갖고 태어나는 것이고 그 중 하나의 성은 억압되고 다른 성은 강화되는 것을 설명했어요. 이 과정에서 동성애적 열망은 이성애적인 것보다 더 철저하게 억압되는 것이고요.

정신분석학에서 대부분 공유되는 프로이트의 성에 관한 개념을 놓고 이제 수업의 관심사로 들어가 인간의 발달단계를 설명하는 프로이트, 라캉 그리고 클라인의 이론을 살펴보려 합니다. 우선 프로이트는 3세-4세 정도, 라캉은 6개월에서 18개월, 클라인은 3개월 정도까지 거슬러 올라갑니다. 스승인 프로이트가 분석해낸 심리 구조의 발달 시기를 제자들이 더 앞당긴 셈이지요. 누구든 3세-4세부터 시작되는 오이디푸스 단계에서 성적 차이를 인식하게 된다는 것을 알고 있습니다. 그만큼 프로이트가 미친 영향은 크지요. 라캉은 그보다 더 이른 시기인 반년에서 1년 반 사이의 기간을 분석해 '거울단계'라고 명명했어요. 우리는 이 시기가 주체 형성에 결정적이라는 점을 이번 수업에서 확인하게 될 겁니다. 그리고 클라인의 경우, 라캉이 접근한 비언어적 시기를 더 앞당겨 3개월부터의 유아로 그 심리 분석을 시도했어요. 클라인은 국내에서 두 이론가보다 상대적으로 덜 알려져 있고 또 시기적으로 유아의 가장 초기 단계부터 분석을 시도했기에 우리 수업에서는 가장 먼저 그를 다뤄보기로 합시다.

클라인, 초기 주체의 인식 형성에 대해 탐구하다

클라인은 인간의 성장 시기에서 주체 내면의 심리를 라캉보다 더 일찍 관찰하여 분석합니다. 생후 3개월에서 6개월 정도인데 여기서 6개월 이후의 시점은 라캉과 겹칩니다. 두 이론가는 각기 다른 모델을 상정하나 공통되게도 생후 6개월에서 1년 반 정도의 유아에 집중한 것이지요. 즉 라캉 이론에서는 거울단계, 클라인 이론에서는 '우울적 위상depressive position'인데 실제로 이 시기는 유아가 언어를 습득하는 때입니다. 라캉의 거울단계는 주체의 인식이 타인의 시선과 떼려야 뗄 수 없다는 것을 알려주는 개념으로 주체가 사회와 연관을 맺기 시작하는 결정적 시기라 할 수 있어요. 이 시기에 아이는 머리가 복잡해지고 인생이 단순치 않음을 알게 되는 거죠. 같은 시기를 주목한 클라인은 아이가 왜 이 시기에 그 전과 달리 바로 반응하지 않고 내면화하면서 우울해지는가를 분석했던 것이에요. 그런데 이보다 앞선 3개월에서 6개월의 시기를 '편집분열적 위상paranoid-schizoid position'으로 명명하고, 이 과정을 자기 인식이 없는 주체가 모든 것을 파편으로 인식하는 시기로 설명했지요.

여기서 3개월 아기가 자신을 어떻게 인식하는가를 이론적으로 추적해낸다는 것을 생각하면 놀라지 않을 수 없어요. 어떻게 그리도 어린 유아의 심리를 분석할 수 있었을까요? 클라인은 자신이 제시한 '놀이 기술play technique'을 통해 언어가 활용될 수 없는 이른 시기나 자폐증 아이를 관찰할 수 있었어요.[12] 그녀에 따를 때, 3개월 이후의 유아는 어른과는 전혀 다르게 자신이나 외부 대상을 지각하는 바, 몸의 한 부분을 바로 자신으로 인식합니다. 예컨대 팔을 보고 '아 이것이 나구나~'하고 또 다리를 보고 '이게 나군~'하고 느낀다는 겁니다. 팔과 발이 다르듯 자신에 대한 인식도 보는 곳에 따라 매번 달라지고 대상(타자)에 대한 인식도 그와 같다는 것이지요. 유아에게 최초의 타자는 '어머니mother'인데, 유아 입장에서 엄마 또한 부분으로 인식된다는 것입니다. 즉 엄마 품에서 젖을 빠는 아기는 그 젖을 바로 엄마라고 여긴다는 거예요.

여기서 우리가 확인할 수 있는 클라인과 라캉의 공통 구조는 '부분'과 '전체'에 관한 것입니다. 흥미롭지 않습니까? 인간 주체가 자기 자신 혹은 주체성을 인식하는 구조는 결국 부분과 전체의 문제라는 말입니다. 클라인은 주체가 자신 또는 타자를 인식하는 과정에서 부분 및 파편에 대해 분석했고, 그 과정에서 '파편화된 신체fragmented body'에 관한 많은 것을 이론적으로 밝혀냈습니다. 이를 다룬 미술작업도 상당히 많은데 1990년대 바디 아트에서 주도적으로 보는 모티프입니다. 예컨대, 로나 폰딕Rona Pondick, 루이스 부르주아Louise Bourgeois, 재닌 안토니Janine Antoni 등을 들 수 있어요. 이들의 작업은 2교시 심화 발제에서 구체적으로 다룰 것이지만, 주체가 지각하는 신체의 파편들을 작품에 적극 활용합니다. 결국 부분과 전체의 문제는 주체가 갖는 대상과의 관계에서 가장 근본적인 것이라 할 수 있어요. 이러한 미술작업은 우리를 기억할 수 없이 멀고도 먼 원초적 단계로 소환하여, 그 언어 이전의 상태에서 거쳤던 근원적인 리비도적 열망을 어렴풋이 느끼게 해 줍니다. 그 원초적 사랑과 미움을요.

사랑과 미움은 대상(타자)과의 관계가 밀접한 것을 뜻합니다.[13] 여기서 우리는 정신분석학에서 왜 '사랑love'이라는 단어가 자주 등장하는가를 이해할 필요가 있겠어요. 언어학자이자 사상가인 줄리아 크리스테바Julia Kristeva도 그 단어를 많이 썼는데, 자신의 책 『사랑의 역사Histoires d'Amour』에서 이렇게 말하기도 했어요. "정신분석이란 자리바꿈하여 되풀이되고 또 다시 시작되는 사랑의 체험을 통한 끊임없는 재생에 대한 탐색 아닌가. […] 정신분석가는 단번에 사랑 속에 들어가 있다. 그런 사실을 잊고 있다면 그는 분석을 할 수 없다."[14] 요컨대 정신분석학에서 다루는 사랑이란 에로티시즘을 넘어서는 보다 근본적인 것으로 리비도의 투여libidinal investment라고 말할 수 있습니다. 이를 위해서는 주체가 대상과 관계를 맺어야 가능한 것이고, 사랑의 전제조건은 대상과의 관계가 마련돼야 한다는 겁니다.

다시 클라인의 유아 분석으로 돌아올 때, 주체의 인식 과정은 부분에서 전체로 진행된다는 것을 주목해야 합니다.[15] 다시 말해, 주체가 유아일 때 맺는 대상과의 관계는 처음에는 부분적이라는 겁니다. 즉, 클라인은 3개월 된 유아의 시점까지 분석하며 그에게 최초의 대상인 엄마의 젖가슴은 '부분대상들part-objects'로 관계 맺게 된다는 것을 밝혔어요. 이 부분대상들은 유아에게 욕망의 대상이 되는 '이상적인 젖가슴'과 증오 및 두려움의 대상이 되는 '박해하는 젖가슴'으로 나뉜다는 겁니다.[16] 쉽게 말해, 아기에게 '좋은 엄마good mother'는 모유가 나오는 젖가슴이고, 모유가 나오지 않는 젖가슴은 '나쁜 엄마bad mother'인 것이에요. 아기 입장에서 좋은 것과 나쁜 것은 확실한데, 젖을 주면 빨고 안 나오면 깨문다는 겁니다. 다시 말해 좋으면 취하고 나쁘면 공격한다는 것이지요. 이 단계를 '편집분열적 위상paranoid-schizoid position'이라고 부르는데 이는 3개월에서 6개월 정도의 시기에 해당합니다. 이 위상을 통해 우리는 인간에게 타고난 공격성이 있다는 사실을 알게 됩니다. 이 단계에서 유아는 대상을 분리해서 이분법적으로 반응하므로 공격성의 실행에 주저하지 않는답니다.

그런데 이 단계가 지나 6개월이 되면 좋은 대상과 나쁜 대상이 실제로는 한 사람이었던 것을 깨닫게 됩니다. 좋은 엄마와 나쁜 엄마가 사실은 같은 존재, 한 사람이었다는 것을 알아낸 아기는 어떻게 반응해야 할까요? 취할 수도 공격할 수도 없으므로 우울의 상태에 빠지게 된다는 겁니다. 클라인은 이 단계를 '우울적 위상depressive position'이라 지칭했지요. 그녀는 이를 1935년 논문에서 발표했는데, 생후 반년 경에 유아의 통합적 인식 능력이 형성되며 엄마를 하나의 전체적 존재로 인식하기 시작한다고 서술했습니다.

생후 반년 이후의 유아는 엄마를 하나의 전체적 대상으로 보게 되면서 전체적 인격체로 사랑할 수 있게 됩니다. 그러나 동시에 전체적으로 사랑받는 엄마가 위험에 지속적으로 노출되어 있다고 느낍니다. 이때 유아는 엄마에 대해 양면성을 느끼게 되지요. 말하자면, 엄마를 이상적 대상과 박해적 대상이 분리되지 않는 '전체 대상 a whole object'으로 느끼면서, 아이는 그녀를 만족감의 근원일 뿐 아니라 좌절과 고통의 원천으로 여기게 되는 것입니다. 여기서 핵심은 유아가 엄마를 전체 대상으로 인식한다는 점이지요. 클라인을 인용합니다. "대상이 하나의 전체a whole로 사랑받을 수 있을 때, 비로소 그 대상에 대한 상실 또한 하나의 전체로 느껴질 수 있다."[17] 이 말은 깊은 울림이 있습니다.

이 시기는 라캉의 견지에서 보자면 거울단계로 진입하는 때인바, 유아는 비로소 이 시기에 전체적 시각total vision을 갖게 됩니다. 우리는 두 이론가의 설명에서 공통점을 알아챌 수 있어요. 즉, 라캉의 유아가 나에 대한 총체적 인식, 즉 '통합된 나unified self'의 이미지를 갖게 되는 것과 클라인의 아기가 엄마를 전체로서의 대상으로 인식하는 것은 서로 통하는 겁니다. 그만큼 주체의 인식에서 전체와 통합은 중요한 것입니다.

클라인에 따를 때 우울적 위상은 인간 주체의 성숙, 승화, 그리고 창의력의 계기가 된다고 설명합니다.[18] 이는 감정적 우울로만 말할 수 없고 결정하기 어려운 행동의 보류 상태와 같은 것이라 봐야 해요. (어머니의) 상실에 대한 성숙한 반응이며, 갈등의 해결과 극복으로 나아가는 복합적 노력의 단계이니까요. 따라서 클라인이 우울적 위상을 병리적인 것이 아닌 정상적 발달과정에서 연구했다는 점을 주목할 필요가 있어요.

여기서 알 수 있듯, 클라인이 제시한 중요한 개념들 중 하나는 '위상position'입니다. 프로이트와 라캉이 논의한 '퇴행regression'이란 개념과 비교해서 그 차이를 명확히 합니다. 정신분석학에서 과거로 돌아가서 고착되는 것은 병리적으로 진단되는 게 보통이지요. 실제로 치료가 필요한 정신병 중, 예컨대 자폐증autism의 경우 과거의 덫에 걸린trapped 상태에서 반복되는 병리적 증상인 것입니다. 하지만 클라인의 위상이라는 구조적 개념은 과거로 돌아가 고착되는 게 아니라 성인이 되어도 또 현재 시점에서도 발생할 수 있다는 것이에요. 즉 클라인의 개념으로 인해 주체의 심리구조를 현재의 시점에서 또 병적이기보다 일반적으로 이해할 수 있게 된 것이라 할 수 있지요. 정신분석학자 줄리엣 미첼Juliet Mitchell이 서술했듯, 실제로 '편집분열적 위상'과 '우울적 위상'은 인생의 첫 몇 달에 진행되지만 이는 우리 인성personality의 부분으로, 우리의 정상적인 심리적 발전의 부분으로 언제나 남아있는 것입니다.[19]

더불어 클라인의 이론적 기여로 기억해야 할 것은 '수정/복구reparation'라는 개념입니다. 이는 주체가 자신의 오작동하는 기능을 고치려는 심리적 기제를 말합니다. 프로이트가 병리적이고 과거에 고착된 주체를 제시했다면, 클라인의 경우 그처럼 비정상적 주체를 규정하지 않았어요. 수정의 메커니즘에서 주체는 자신의 사랑하는 대상에 가한 파괴적 환상의 효과를 바꾸려고 노력합니다.[20] 정상과 비정상, 건강과 병리 사이에 명확한 선을 긋지 않고 변화와 유동성을 담보하면서, 주체의 잠재력에 주목하는 이론적 경향을 볼 수 있습니다. 클라인의 정신분석학이 오늘날에도 여전히 영향력을 끼치는 이유를 알 수 있지요.

대상관계 이론과 영국(유럽)의 정신분석학계

클라인의 이론은 유아의 초기 단계를 분석한 기여를 인정받았는데 그 핵심은 최초의 타자인 어머니와의 관계에 있으며 그 대상관계를 기반으로 주체 자신뿐 아니라 타자(사회)에 대한 인식 및 심리구조를 추적했습니다. 클라인이 자신의 이론을 제대로 펼칠 수 있었던 건 영국에 정착했던 점을 들 수 있는데, 영국 정신분석학계의 분위기와 문화적 특성이 그녀의 연구와 무척 잘 맞았던 것이지요.[21] 영국에서는 유아에 대한 관심과 특히 어머니와 아기 사이의 관계에 대해 문화적으로 오랜 관심이 축적돼 있었어요.[22] 정신분석학계의 분위기는 문화마다 차이를 보이는데, 유아 정신분석 연구 및 유아와 모성과의 관계에 대한 이론적 탐구는 단연 영국이 주도적입니다. 따라서 영국의 정신분석학계에서 '대상관계 이론object-relaions theory'이 발달했다는 건 자연스레 이해할 수 있습니다.

영국 문화에는 아주 오래된 일상의 관습이 있습니다. 아이들이 잠자러 들어갈 때 대부분 책을 읽어주는 관습이 그것인데 이때 최초의 스토리텔러는 예외 없이 엄마입니다. 엄마는 밤마다 책을 들고 침대로 들어가 이야기를 들려주고 이불을 끌어 덮어주는 존재인 거죠. 그녀의 음성은 잠에 빠져들기 전까지 부드럽게 아이의 귓전에 맴돕니다. 이렇듯 엄마의 목소리는 서양 아이들에게 재미난 이야기와 함께 소중한 기억으로 남습니다. 저 또한 영국 유학시절 혼자 아이를 키울 때, 아무리 피곤해도 아들이 7개월 됐을 때부터 매일 밤 잠자리 이야기bedtime story를 읽어줬어요. 눈물 없이는 말할 수 없는 8년의 세월이었지요. 참으로 어설프고 부족한 초짜 엄마로 아들에게 짠한 마음이 드는 건 30여 년이 지난 지금도 여전하네요. 그래도 한 가지 엄마로서 할 일을 제대로 해줬다고 자부하는 일이 바로 잠자리에서 책 읽어주기였습니다. 그때 읽은 단골 책은 베아트릭스 포터의 『피터 래빗』, 크리스토퍼 오드리의 『토마스 더 탱크 엔진』, 알렉산더 밀른의 『위니 더 푸우』, C.S.루이스의 『사자, 마녀 그리고 옷장』 등이었습니다. 작품 못지않게 창의적인 삽화로 채워진 두꺼운 책장들을 넘기며 아들과 함께 했던 매일 밤이 기억나곤 합니다. 이야기 세계로의 여행은 이후에도 둘만의 추억거리로 남아 있답니다. 그러한 매일 밤 잠자기 전의 '통과의례'가 영국문화에서 시작되었다는 것을 저도 한참 후에야 알았습니다.

클라인이 포함되는 대상관계 이론은 포괄적이라 해석하고 연구하는 이론가마다 그 영역이 다양하지만, 그럼에도 불구하고 공통점을 갖습니다. 그건 영국 및 유럽의 포스트모던 사상이 갖는 주체에 대한 인식의 문제인데, 미국 쪽에서 주로 발달한 자아 심리학ego-psychology과 대조적 차이를 보이지요. 다시 말해, 후자는 자아 자체에 집중하고 이를 별개의 독립자로 보는 경향이 있지만, 대상관계 이론은 주체가 관계하는 대상들에 관심을 갖고 심리의 간 間주체적 intersubjective 형성에 연구의 초점을 두는 것입니다.[23] 우리는 대상관계 이론을 포함한 20세기 영국 및 유럽의 주체 인식이 후기구조주의가 핵심을 이루는 포스트모더니즘의 사유에 더 적합하다는 것을 알 수 있습니다. 결국 시대의 흐름은 주체를 독립적이고 자율적인 존재로 보기보다, 분열과 결여를 안고 불안정한 상태로 살아가며 스스로 발전하기보다 관계지향적이며 변화 가능한 유동적 존재로 보는 방향으로 진행된 것입니다.

시각을 다루는 미술은 근본적으로 주체와 대상object과의 관계에 기반해 작용하지요(물론 포스트모던 아트는 시각의 특권에 반발하여 공감각을 중요시하지만 기본 구조는 마찬가지입니다). 다시 말해, 주체가 대상을 어떻게 지각하는가가 미술의 근본 문제예요. 여기서 중요한 것은 관계성입니다. 대상과의 관계가 이뤄지지 않으면 미술의 의미작용은 일어나지 않습니다. 사실 미술뿐 아니라 문학, 사상 등 어떠한 의미작용도 가능하지 않은 것이죠.

이 대상관계가 바로 정신분석학적 의미에서 대상과의 '사랑'과 직결된다고 할 수 있습니다. 이는 일상의 에로틱한 감정과는 다른 것인데, 앞서 언급했듯 대상에 대한 주체의 '리비도적 투여'라고 말할 수 있습니다. 대상관계가 이뤄지지 않으면, 그래서 사랑이 진행되지 않는다면 어떤 의미도 생산되지 않는 것이지요. 그렇기에 여기서 사랑의 반대인 우울, 정확히는 멜랑콜리아가 왜 '반상징적asymbolic' 인지를 다시 확인할 수 있습니다. 주체와 대상과의 관계에 '단절caesura'이 일어났기에 의미생성이 불가능한 것입니다.[24] 이 내용은 앞장에서 다룬 것과 연관된다는 것을 알 수 있지요.

미술사에서 볼 때 미국과 유럽 작가들이 주로 참조한 심리학의 분파 내지 경향이 서로 다른 것을 알 수 있습니다. 20세기 중반 미국 모더니즘의 대표 주자인 잭슨 폴록Jackson Pollock 등 추상표현주의 작가들은 칼 융Carl Jung, 1875~1961이 이끈 분석심리학의 미국적 임상치유에 영향을 받았는데, 이는 자아ego를 강조하며 개인과 집단 사이의 통합성과 조화를 추구하는 경향이었어요. 이에 비해 정신분석학의 발원지 유럽이 더 근본적이고 다양한 맥락을 갖는다는 건 당연한 일이겠지요. 돌이켜, 20세기로 들어오며 제시된 정신분석학의 원조 프로이트의 '무의식' 개념은 충격으로 작용했고 인간의 의식 및 이성에서 벗어난 어두운 영역은 예술적 영감의 원천이 되었던 바, 특히 초현실주의 등장의 기반이 되었지요.

1920년대부터 강력하게 부상한 이 문학과 예술의 흐름은 자아

ego 자체보다 이를 벗어나는 원초아id와 욕동*, 그리고 초자아 superego와의 관계 등 보다 복잡하고 심층적으로 탐구되었어요.

여기서 주목할 것은 주체 인식에 있어 유럽은 미국보다 근본적이고 파격적 관점을 가졌다는 점이에요. 주체를 통제되고 자율적인 독립체로 보기보다 무의식과 욕동, 그리고 죽음 충동으로 인해 자기 분열과 결여를 체화하는 존재로 보는 경향이 주도적이었던 겁니다. 이는 후기구조주의의 주체관으로서 전반적 포스트모던 사유에 포함되어 세계적으로 영향을 끼쳤고, 미국에서도 1970년대 이후부터 포스트모던 아트에서 유럽과 유사한 정신분석학적 분위기를 감지할 수 있습니다.

'중심화된 주체'에서 '탈중심화된 주체'로 바뀌다

이쯤에서 강조하고픈 것이 있어요. 우리의 수업에서 가장 중요하게 여기는 것이 바로 주체 혹은 자아에 대한 인식이고, 이것이 역사적

* **욕동**
욕동(drive)은 생물적 욕구와 달리 결코 충족되지 않으며, 하나의 대상을 목표로 삼지 않고 그 주위를 지속적으로 맴도는 경향을 갖는다.

으로 변화하는 사유체계에서 어떻게 맞물리는가를 살펴보는 일이라는 점입니다. 여러분이 아시다시피, 모더니즘의 패러다임에서는 데카르트의 사유에 기반한 근대의 중심화된 주체Centred Self를 상정했지만, 포스트모던 시기에는 탈중심화된 주체Decentred Self를 제시해 왔습니다. 이 주체를 다른 말로 '라캉적 주체Lacanian Subject'라 명명하는데 데카르트적 주체Cartesean Subject가 도전받아 비판적 전환을 맞은 것이지요. 그런데 우리는 여기서 왜 라캉적 사유가 탈중심화된 주체를 불러온 것인지 이해할 필요가 있습니다. 라캉이 분석한 주체의 자기 인식이 어떠하길래, 본인이 세상의 중심이 아니며 또 보는 주체로서 통합된 온전한 자기가 아니라는 것인지, 그리고 타자(사회)와의 관계 없이는 주체의 자기인식이 불가능하다는 것인지 살펴볼 일입니다. 그의 사유를 통해 주체 안에 내재한 상실과 결여를 깨달을 때 우리는 탈중심화된 주체와 세상의 관계를 가늠할 수 있는 것이지요.

Centred Self (중심화된 주체) → **Decentred Self** (탈중심화된 주체)

Cartesean Subject (데카르트적 주체) → **Lacanian Subject** (라캉적 주체)

라캉은 '나'를 중심으로 하는 근대적 코기토의 통합된 주체가 아닌 분열과 결여의 탈중심화된 주체를 강조했습니다. 상상적인 나르시시즘적 욕망에서 벗어난 주변화된 주체는 타자를 이해하고 교류하기 위해 언어, 개념, 법, 사회를 배웁니다. 라캉적 용어로 '발화 주체speaking subject'가 되는 겁니다. 이것이 대타자로서의 "아버지의 법 nom-du-père"을 내적으로 투사하는 상징계the Symbolic에 진입한 주체인 것이지요. 그러나 언어로 감축할 수 없는 표상 불가능한 차원으로서 실재계the Real가 이 상징계를 위협합니다. 언어, 개념, 법, 사회 등 인간의 사유 바깥에는 언어 이전의 존재를 되찾으려는 원초적 충동이 무의식에 도사리고 이는 언어가 매개하지 못하는 신체 체험적 영역과 잇닿아 있는 것이지요. 이러한 언어 밖의 세계와 완전히 합일하려는 존재론적 열망과 그 극단적 향락은 주이상스 jouissance라 일컬어지며 이는 죽음과 연결됩니다. 프로이트식으로 말하자면 '쾌락 원칙 넘어'에 있는 죽음충동과 관련되는 것이지요. 라캉이 이러한 내용을 다룬 1950년대에서 1960년대 세미나들은 당시 프랑스를 풍미한 후기구조주의post-structuralism의 사상적 조류에 크게 기여했습니다.[25]

이제 우리 수업에 연관된 라캉의 이론을 구체적으로 살펴보도록 합시다. 그의 작업은 프로이트의 이론적 유산과 분리해서 생각할 수 없습니다. 그의 독창적이라고 알려진 견해는 프로이트를 계승하면서도 자신만의 이론적 차이를 확고히 드러내지요. 프로이트에게 성性이 문화의 근원이라면 라캉에게는 문화가 성의 근원이라 할 수 있습니다. 라캉은 언어의 의미망에서 개인과 그 성적 정체성이 만들어진다고 보았던 것이지요. 성에 대한 프로이트의 생리적 접근과 달리 라캉은 언어를 기반으로 주체의 성 정체성을 설명했어요. 그는 구조적으로 무의식에 접근하며 언어의 기호체계를 정신분석학에 접목시켰던 겁니다. “무의식은 언어처럼 조직되어 있다”라는 잘 알려진 그의 명제는 정신분석학을 개인의 심리 연구에서 벗어나 사회의 의미망과 문화적 맥락으로 확장시켰다고 할 수 있어요.

다시 말해, 앞서 다룬 클라인이 주체와 대상 사이의 근본적 관계에 집중하여 주체의 비언어적 단계를 드러내어 다뤘다면, 라캉의 이론은 언어적 측면에서 주체를 분석합니다. “언어가 곧 사회”라고 보았는데, 이는 사회란 의미의 연계망signifying network으로 이뤄져 있다고 생각한 것이지요. 라캉은 주체가 사회 안에서, 타자와의 연계성 속에서 형성되는 것을 강조하면서 후기구조주의의 특성을 잘 보여주는 주체 이론을 제시합니다.

라캉,
시각과 연관하여 주체를 분석하다

다시 강조하지만, 주체를 사회와의 관계성 속에서 생각할 때 가장 유용한 이론가가 라캉입니다. 그리고 특히 시각에 대한 분석에서 현대 미술에서 알아야 할 중요한 개념의 틀을 주었기에 미술 이론에서 자주 인용되지요. 그가 주체를 시각(혹은 비시각)과 연관하여 제시한 '거울단계 이론'과 '응시 이론'은 서구 포스트모더니즘의 기반 위에 유럽 뿐 아니라 세계적으로 영향을 미쳤고 국내에도 1990년대부터 본격 도입되었다고 할 수 있어요. 거울단계 이론은 1936년에 처음 발표되었고 응시 이론은 1964년에 출판되었는데, 양자는 각각 독립적 시각 이론이지만 연관성을 갖고 있고 전자가 후자로 확장된 것이라 말할 수 있습니다.

국내에서도 이제는 영화를 포함한 시각 이미지 분석에서 그의 이론이 많이 활용되고 있습니다. 그러나 국내 미술사 학회에서 제가 최초로 라캉 이론을 발표했던 1999년만 하더라도, 라캉이란 이름은 우리 미술계에서 생소한 것이었지요.[26] 그 당시 국내에선 이미 라캉 학회가 있을 정도로 철학에서는 잘 알려져 있었으나, 미술을 포함한 시각 문화 영역에서는 라캉을 언급한 선례가 없었던 것으로 알고 있습니다.

거울단계 이론은 주체의 초기 형성 단계에 개입되는 사회가 어떻게 주체의 심리 구조에 작용하는가를 분석한 이론이라 할 수 있습니다. 여기서 더 나아간 응시 이론은 주체가 상징계로 진입한 후 본격적인 사회와 주체의 관계를 조망하되, 사회 속 주체가 처한 전체적인 시각 구조를 권력, 결여, 그리고 내면화와 연관하여 설명하지요. 따라서 앞서 언급했듯 주체와 사회 사이의 관계성을 본격적으로 논한 응시 이론은 거울단계 이론을 확장, 심화한 것이라 할 수 있습니다.

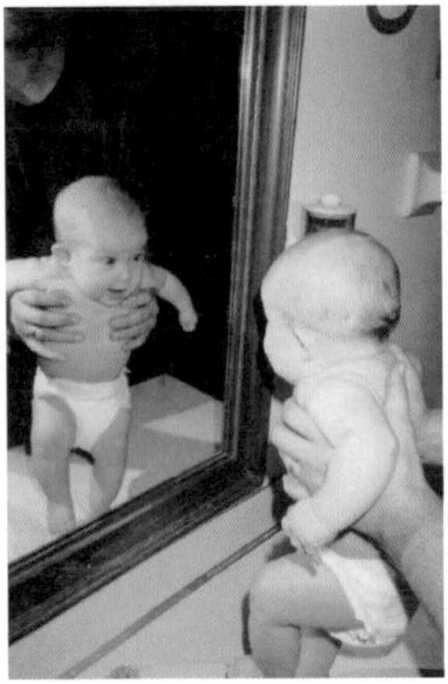

거울에 비친 자신의 모습을 최초로 본 유아는 희열을 보이며 눈을 떼지 못한다. 이는 침팬지가 바로 시선을 다른 곳으로 돌리는 것과 결정적 차이를 보이는 것이다.

이러한 라캉의 두 이론을 쉽게 이해하기 위해 제 책 『세잔의 사과: 현대사상가들의 세잔 읽기』를 참조할 수 있지요.[27] 이 책은 라캉에 대한 이론서 중, 다른 건 몰라도 제일 쉽게 설명했다고 자부합니다. 세잔이라는 거장의 작품을 라캉의 이론으로 들여다 본 것인데, 번역이 아닌 독자적으로 분석한 연구입니다. 그도 그럴 것이 제 박사논문의 핵심 부분이었기 때문인데 이 책에서도 가장 의미있는 장이라 말할 수 있어요.[28] 우리 수업에서는 이 책을 기반으로 거울단계 이론에 대한 기본적 이해를 도모하고 그 이론의 구조를 중점적으로 분석하고자 합니다.

그렇다면 라캉의 거울단계 이론은 왜 그토록 중요한 걸까요? 그건 그가 이 이론에서 기존 정신분석학과 다른 주체의 개념을 제시했기 때문이에요. 거울단계 이론의 결론은 주체의 자기 인식은 사실

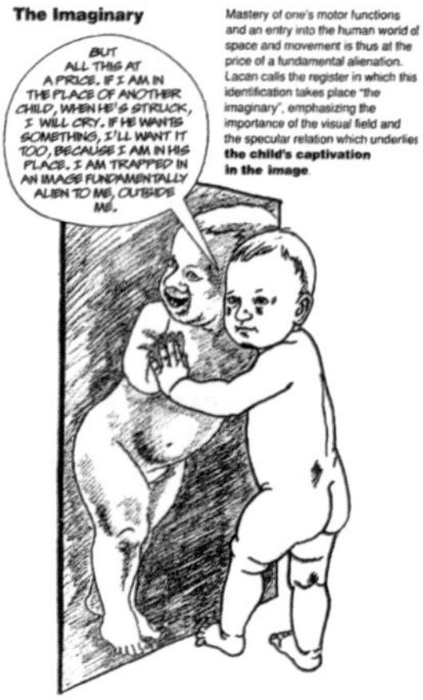

상상계(The Imaginary)

거울단계는 주체 형성에 중요한 영역인 '상상계'에서 진행되는데 삽화는 그 심리적 과정을 설명하고 있다. 유아가 자신의 이미지에 매료, 포획되는 시각계와 그 중요성을 보여주고, 동시에 그 이미지가 자신 밖에 있어 근본적으로 자기 소외에 사로잡힌다는 것을 강조한다.

Darian Leader and Judy Groves,Lacan for beginners, London: Icon Books Ltd, 1995, p. 22.

거울상으로 보듯 자아와의 동일시가 아닌 자아와의 분열을 통해서 이뤄진다는 것이지요. 왜냐하면 '나'는 주체에게 직접 주어진 것이 아니라 타자를 매개로 경유하여 인식되기 때문입니다. 이는 주체의 불완전성과 근원적 결여를 드러내는 대목입니다.

거울단계 이론을 쉽게 설명하기 위해 우선 여러분에게 두 가지 질문을 던져봅니다. '우리는 도대체 언제부터 자기 자신(주체 혹은 자아)에 대한 인식을 갖게 되는 것일까?' 또 '그 최초로 갖는 주체나 자아의 개념은 어떤 의미일까?' 평소에 생각하지 못한 질문들이지만 정말 궁금한 것들 아닙니까? 이 중 먼저 후자에 답하자면, 유아의 자기 인식이란 그것이 어떻든 어른이 된 우리가 갖고 있는 복잡다단한 그것과는 전혀 다를 것이라는 점은 예상이 되지요.

라캉은 유아가 6개월에서 18개월에 이르러 거울단계라는 기간을 거치며 자기 스스로에 대한 인식을 갖게 된다고 합니다. 그리고 그 자기 인식의 특징은 자신을 하나로 통합된 모습으로 여긴다는 점이라 설명합니다. 여기서 주체가 갖는 최초의 자기 인식은 언어가 아니고 시각을 통해서라는 점을 주목해야겠지요? 미술에서 거울단계 이론이 깊이 다뤄지는 이유입니다. 이 시기의 유아는 거울 속 자기 이미지를 보며 부분이 아닌 하나의 통합된 주체로서 자신을 인식하며 독립성과 자신감을 얻게 된다는 겁니다.

그런데 거울단계의 핵심은 이 부분에서의 반전입니다. 놀랍게도 라캉은 시각계를 통한 이러한 주체 인식은 환영illusion에 기반하며, 그 내부에서 일어나는 현상은 '오인misrecognition'이라고 말했으니까요. 그리고 이렇게 주체가 주체임을 인식하는 생의 첫 순간은 오히려 주체가 주체로부터 '소외'를 겪는 순간이라는 충격 선언을 합니다. 거울에 비친 나의 모습은 타인의 눈에 보여진 이미지를 내가 2차적으로 보는 것일 뿐이고, 내가 나를 직접 본다는 것은 불가능하다는 말입니다. 한 마디로 라캉은 우리가 거울에 속는다고 말했어요. 왜 그러냐고요? 너무 어렵게 생각할 필요가 없습니다.

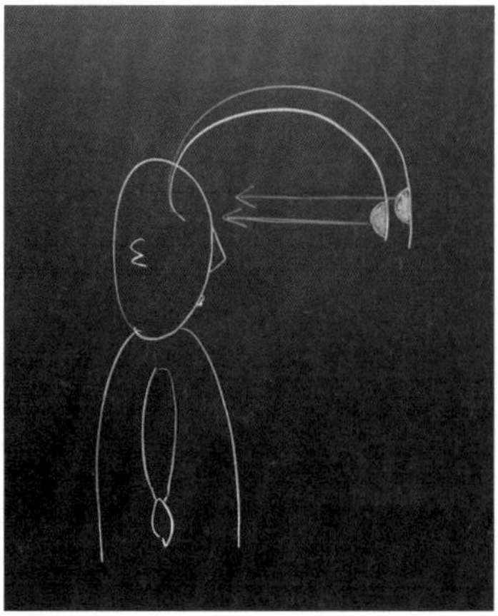

내가 나를 볼 수 있는 눈의 위치를 상상한 삽화,
전영백 그림

그 이유는 우리의 신체적 생김새 때문이고 지극히 물리적인 것 때문인 거죠. 한 마디로, 우리의 눈이 내가 보는 방향과 같이 내 얼굴에 붙어 있기 때문에 우리는 거울(타자의 시선)을 필요로 한다는 것이에요. 한번 상상해 보세요. 위 삽화에서 보듯, 만약 내 눈이 머리에서 나온 곤충의 긴 촉수 같은 게 있어 그 끝에 붙어있다면 그땐 얘기가 다르겠지요. 내 눈이 그렇게 직접 나를 대면해 있으니 내가 나를 직접 보는 구조가 되니까요. 그런데 실제로는 그게 불가능하잖아요? 대신 우리는 항상 거울을 통해 자신을 확인해야 하는데 라캉은 이렇듯 거울의 '수상한' 작용을 간파하고, 나이브하게 자신을 직접 보고 있다고 믿는 건 환영illusion에 속는 것이라 말하는 겁니다. 시각의 구조상 주체는 언제나 거울 없이 자신을 볼 수 없는 운명을 타고났는데, 이때 거울은 타자의 시선이 개입되는 시각의 영역이고 우리는 타자의 눈에 인식된 자기를 2차적으로 동일시하면서 자기 이미지self-image를, 주체의 인식을 갖는다는 것입니다.

거울은 타자의 시선과 직결되는 것이고 또 결국 타자의 시선에 비친 자신의 이미지를 보여주는 매개체예요. 이처럼 유아기 거울단계에서의 물리적 거울조차 언제나 타자의 시선을 담지하고 있다고 볼 때, 주체가 성장하며 관계하는 타자들은 주체에게 거울의 역할을 해 주는 존재들이지요. 여기서 거울이 온전해야 자신의 모습을 제대로 비춰볼 수 있는 건 당연합니다. 만약 관계하는 사람이 자신을 왜곡하거나 편향적으로 반영하면 주체의 부정적 자기 인식을 형성하지요. 그러니 주체의 인성 발달에 필수적인 것은 '좋은 거울'들과 맺는 관계라고 말할 수 있습니다.

우리 눈이 밖을 향해, 타자 및 세상을 향해 있다는 건 시사하는 바가 큽니다. 인간이 최초로 자신의 주체를 확인하는 그 순간부터 타인이 개입해 들어온다는 것이니까요. 이건 주목할 만한 대목입니다. 라캉이 왜 프로이트의 개인 심리학을 넘어 개인을 사회와의 관계에서 분석한다고 하는가를 알 수 있는 지점이기 때문입니다. 라캉 이론에서 주목할 것은 내가 나를 스스로 인식하는 첫 순간마저도 나의 내면에 사회(타자들)가 개입돼 들어온다는 점이지요.[29] 이에 비해 프로이트는 개인과 사회가 분리된 것으로 여겼던 바, 개인 주체의 내면 심리를 파고들어 의식과 무의식으로 분석해 들어간 것이에요. 우리가 라캉의 사고에 따를 때 '사회는 이미 개인 속에 들어와 있다Society is in me.'고 말할 수 있습니다. 여기서 사회가 내(주

체) 안에 있다는 건 타인의 물리적 현존을 뜻하는 게 아니라는 점을 이해하실 겁니다.[30]

이렇듯 거울단계에서 주체의 내면에 사회가 들어온다는 뜻은 이 단계가 언어를 습득하는 시기라는 점에서 잘 이해가 되지요. 언어가 라캉의 이론에서 얼마나 중요한지를 고려한다면 그가 언어를 습득하는 시기에 관심을 가진 건 너무도 당연하지 않습니까? 생후 반년에서 한 살 반 사이에 유아는 비언어에서 언어로 진입하는 놀라운 경험을 하게 되고, 라캉은 그것이 사랑하는 대상(어머니)의 부재 및 상실에의 대응과 직결된다고 설명합니다. 주체가 언어를 습득하고 상징계로 진입하는 것은 그 자체를 위해서라기보다, 부재와 상실에 대한 대치substitution의 메커니즘이 작용한다는 걸 밝혀낸 것이지요.[31] 이렇듯 라캉은 거울단계에서 일어나는 유아의 심리 변화를 분석하며 주체의 내면에서 일어나는 개인과 사회 간 갈등 혹은 그 해소와 협상의 과정을 설명합니다.

처음에 엄마 품에 안겨 거울을 본 아기는 점차 사회에 적응하고 성장해 나가면서도 계속 거울에 의존하여 스스로를 확인합니다. 자신이 하나로 통합된 자아라는 점은 라캉이 설사 이를 환영illusion에 불과하다고 알려주더라도, 우리가 포기할 수 없는 무엇이지요. 이렇듯 주체의 통합성에 대한 집착은 인간의 특징인데, 이는 '왜 인간만이 거울단계에서 희열을 보이는가'에 대해 답을 주는 것이기도 합니다. 최초로 통합된 자기를 확인한 유아의 반응이 희열이라는 점을 주목한 프랑스문학 및 비교문학 이론가 말콤 보위Malcolm Bowie는 이에 대한 흥미로운 설명을 남겼지요. 보위에 따를 때 거울 앞의 아이는 우리가 생각하는 것보다 "더 잘 알고 있다"는 것인데, 그는 "아이는 속은 채로 남아 있으려는 비꼬인 의지를 갖는다"고 서술했습니다.[32]

즉 아이는 거울의 메커니즘이 환영인 것을 알고 있다는 것이지요. 라캉에 따르면 자기가 통합된 하나라는 이 인식은 아이가 갖고 싶어 하는, 유혹적인 믿음이라는 겁니다. '나는 하나야' 라고 하는 아이의 생각은 자기 주체의 견고함에 확신을 갖게 만듭니다. 따라서 거울단계의 오인, 환상, 환영은 주체가 사회에서 성장하며 살아가는 데에 필수적인 것이라고 봐도 무리가 없어요. 그 오인에 기반하여 주체가 자기 확신을 갖고 언어로 진입하며 사회인으로 성장해 가는 것이니까요. 다만 이러한 주체의 확신과 견고함이 결국 환영에 기반한다는 사실이 아이러니인 것이지요.

주체의 인식은 왜 '부분'에서 '전체'로 나아가는가?

비교문학 이론가 제인 갤롭Jane Gallop이 자신의 소론 '어디서부터 시작하나Where to begin?(The Mirror Stage)'[33]에서 주목한 것은 주체가 거울단계를 거칠 때 그 인식 구조와 시간의 진행에 관한 것이었어요. 그는 라캉의 이론에서 거울단계는 전환점이자 결정적 순간임을 강조하고 그 과정을 설명합니다. 라캉에 따를 때, 거울 앞의 어린 주체는 스스로를 파편화된 신체에서 하나의 통합된 이미지로 파악하는 커다란 인식의 변화를 갖습니다.[34] 여기서 우리는 앞서 강조했듯 서구의 인식 구조에 중요한 '부분과 전체'의 맞물린 관계를 볼 수 있습니다. 갤롭이 이를 예리하게 짚어냈는데, 그는 거울단계에서 통합을 인식하는 주체는 파편화된 신체의 환상을 '소급하여' 가져왔다는 점을 강조했어요. 즉 통합에 대한 인식은 파편화가 전제되어야 가능하다는 것입니다.

다시 말해, 거울단계는 신체의 통합성unity과 전체성totality에 대한 명백한 증거로서 작용하는 겁니다. 그런데 이것은 파편화된 신체에 대한 시각적 비전에서 시작하여, 어느 정도 고통스런 추이를 거쳐 게슈탈트(외부 형태)의 확실성으로 진행되는 것이지요. 부분에서 전체로의 진행이에요. 그런데 여기서 갤롭이 포착한 건, 거울단계에서의 통합성은 파편화된 신체의 비전보다 앞선다는 것입니다. 즉 위에서 말했듯, 파편화된 신체 이미지는 통합된 신체 이미지 없이는 그 인식 자체가 불가능하다는 겁니다. 그래서 갤롭의 논문 제목이 '어디서부터 시작하나'인 것이지요.

여기서 하나 더 챙길 것은, 이렇듯 주체가 거울단계에서 갖는 부분과 전체의 인식은 과거, 현재, 미래의 시제가 서로 얽히면서 진행된다는 점입니다. 거울단계를 거치는 유아는 '상상계'로 들어가게 되는데, 과거로의 소급retroaction과 미래에의 예기anticipation를 통해 현재를 이해하게 됩니다. 다시 말해 과거의 역사를 현재에서 재구성하는 동시에 '이상적인 미래의 통합된 자신(실제로는 도달할 수 없는)'으로부터 현재의 자아를 구성하는 것이지요. 거울단계는 기대와 결여 사이에서 지속적 불안을 내재하고 있습니다. 파편화된 신체에서 통합된 신체로의 이행은 전체a total being로서의 환상에 기대면서도 내부적으로는 언제나 주체의 자기 소외와 결여를 지니게 되는 것입니다.

이렇듯 라캉이 제시하는 존재 안에 내재하는 결여는 그의 '응시 이론'에서 주체가 떨쳐버릴 수 없는 욕망의 대상이자 원인인 '오브제 아objet a'로 명명됩니다. 그리고 그는 응시 이론에서 거울단계처럼 '잠정적 주체'나 '전주체'를 은근히 가정하기보다, 주체란 외부의 응시에 의해 구성된다는 것을 명확히 주장하게 됩니다.[35] 요컨대, 우리는 라캉이 거울단계와 응시 이론 모두에서 시각의 영역에서 일어나는 주체의 자기 인식과 타자(사회)와의 관계를 구조적으로 분석한다는 점을 잊지 말아야겠습니다.

이제 강의를 마무리하렵니다. 우리 수업에서는 정신분석학이라는 광범위한 담론 중에서 특히 주체의 정체성에 대한 자기 인식에 초점을 맞춰 대표적인 세 명의 학자들을 다뤘습니다. 주체의 성장 단계를 각각 다르게 제시하며 성性, 대상관계, 내면화된 시각, 언어(사회)와의 관계 등을 분석한 프로이트, 클라인, 그리고 라캉 사이의 연관성 및 차이를 살펴보았지요. 성에 국한해 볼 때, 프로이트는 선구자로서 생득적이며 물리적인 신체 조건에 기반해 이론화시켰고, 라캉은 프로이트가 강조한 남성 성기penis가 아닌 '남근phallus'이라는 개념을 제시하여, 생리적인 것을 넘어 언어화된 의미세계에 작용하는 권력의 상징을 드러냈습니다. 클라인의 경우는 프로이트와 라캉의 관심 밖에 있던 모성체에 주목하여 초기 주체가 갖는 대상관계를 밝혀낸 것이지요. 언어를 중심으로 주체를 규명하는 라캉의 이론을 추월하여 시기적으로 전언어적prelingual 단계로 거슬러 올라간 클라인의 이론은 포스트모던의 관점에서 주체를 이해하는 데 특히 유용하다고 볼 수 있습니다.

따라서 라캉과 더불어 클라인을 함께 가져오면 오늘날 우리의 주체와 타자에 대한 이해를 보다 풍부하고 시의성 있게 이끌어낼 수 있어요. 라캉과 클라인의 이론은 정상/비정상, 환자/건강한 사람과 같은 이분법을 벗어나는 경향을 보입니다. 이러한 사고방식은 타자나 자신을 볼 때 경직된 이분법적 구분에 의한 왜곡된 편견에서 벗어나게 하지요. 이로 인해 우리는 스스로의 해방감과 타자에 대한 관대함을 얻을 수 있는 것입니다. 그러나 클라인 및 라캉의 멘토였던 프로이트는 여전히 중요합니다. 이 모든 것의 기반에 프로이트가 있는데, 클라인은 프로이트의 자유연상 기법과 분석가의 중립성에 대한 보장을 엄격히 지키고 발전시켰지요. 라캉 또한 자신의 연구를 프로이트의 '다시 읽기re-reading'라고 강조한 점을 기억할 필요가 있습니다. 이들은 프로이트를 제대로 수용하고자 했고 또 그와의 차이를 제시한 것이라 말할 수 있습니다. 제가 늘 강조하는 말이지만 성경의 잠언에 써 있듯 "해 아래 새로운 것이 없다"는 것을 다시 확인하게 됩니다. 이론이든 실기 작업이든 창조란 무無에서 유有를 만들어내는 것이 아니지요. 언제나 참조reference에 기반하여 그것을 뒤트는 차이difference가 중요한 것입니다.[36]

심화 발제로의 진행을 위해

미술작업과 연관되는 이번 수업의 심화 발제로는 클라인의 대상관계 이론을 중심으로 살펴보고자 합니다. 현대미술의 경향에서 1980년대 말부터 1990년대는 바디 아트가 부상한 시기로 다른 때보다 공격성의 표출과 함께 신체 파편을 모티프로 삼는 작업이 많이 제시되었어요. 로버트 고버, 'yBa' 등 여러 작가들이 다양하게 신체에 대해 탐색하는 작업을 했습니다. 예컨대 20대 중반의 yBa가 선보인 소규모의 《프리즈Freeze》(1988) 전시가 RARoyal Academy의 《센세이션Sensations》(1997)으로 본격화되면서 세계적인 파장을 일으켰지요. 데미안 허스트, 마크 퀸, 사라 루카스 등 다양한 "악동들"의 작업들 가운데 두드러진 것으로 실제 오브제, 특히 신체를 직접 다루는 작업을 들 수 있어요. 특히 논란의 한 가운데 있던 허스트가 실제 상어를 잡아 탱크에 고정시킨 것이나 소를 반으로 잘라 고정한 설치작품 등은 환영이나 대치가 아닌 물리적인 실제의 신체를 그대로 다룬 작업들이었습니다.

우리는 이러한 작업들에서 남녀의 두드러진 차이를 찾기보다는, 작가의 개별적 체험 가운데 스스로의 성적 정체성이 고유하게 작용한다고 봐야 합니다. 즉, 작품은 작가의 개인 체험에 기반하므로 그 성을 고려하여 읽는 건 마땅한 일이지요. 우리가 2교시 심화 발제에서 소개할 연구는 1990년대를 중심으로 활동한 여성 작가들의 신체 파편을 다룬 작업들을 멜라니 클라인의 시각으로 읽은 것입니다. 이를 위한 클라인의 개념으로 공격성, 부분대상, 편집분열적 위상 등이 활용될 것이며, 여기서 더 나아가 신체의 부재와 그 흔적을 다룬 작업은 그녀의 우울적 위상 개념을 접목해 이해하게 될 것입니다. 여기서 우리는 작업을 통해 신체에 대한 직접적 탐색 및 공격과 함께 신체의 부재와 결여를 보게 되는데, 여기에 클라인의 편집분열적 위상과 그에 뒤이은 우울적 위상이 이론적으로 도움이 된다는 것을 깨닫게 되는 것이지요. 그럼 이제 심화 발제로 들어가 보기로 합시다.

1교시 강의 후 와글와글

프로이트부터 라캉까지 정신분석학에 대한 기틀을 다질 수 있는 수업이었는데, 그 중 라캉의 거울단계 이론이 특히 기억에 남는다. '나'라는 인식을 갖는 순간부터 이미 타자가 내 안에 들어와 있고 분열되어 있다는 점에서 우리가 늘 남의 시선을 신경 쓰는 근본적인 이유를 찾은 것 같았다. 또한 나 자신의 불완전함을 인식하면 오히려 그 속에서 해방과 자유를 느낀다는 점에서, 나와 사회와의 관계와 그에 대해 가지고 있던 인식을 재고해보게 되었다. **박신희** 영상·애니메이션학부

라캉의 거울단계에서 내가 나를 직접 볼 수 없는 구조이기 때문에 거울을 보는 것이 타자가 나를 보는 이미지이며, 이것이 응시 이론과 연결되는 지점이 흥미로웠다. 특히 자신이 하나의 통합된 자아라는 오인 또는 환영이 결국 분열된 자아로 이어지고, 이를 인정했을 때 자유로워진다는 부분이 가장 기억에 남는다. 이러한 이론들이 사실은 내 일상과는 거리가 있다고 생각했었는데, 자아에 대한 해방을 느낄 수 있는 지점들을 발견하는 굉장히 인상 깊은 강의였다. **장지원** 미술사학과

기호학에 이은 정신분석학 수업을 통해 담론간의 연장선에서 수업을 이해할 수 있어 좋았다. 무의식의 영역을 언어의 영역, 사회적 영역으로 끌어올려 사고하고, 프로이트에서 시작해 라캉으로 이어지는 정신분석학 이론의 점진적인 이행 과정을 이해할 수 있었다. 특히 라캉의 거울단계를 설명하며 '나'라는 통합주체를 인지하는 것 자체가 오인이며 주체라는 개념을 갖는 순간 타자와 사회가 이미 들어오는 것, 따라서 우리의 존재 안에 근본적인 결여가 내재한다는 것이 인상 깊었다. **노언지** 예술학과

내재된 의미와 욕망을 추적하는 정신분석학이 매력적으로 다가왔다. 또한 책을 읽으면서 라캉의 거울단계 이론과 응시 이론이 어떻게 연결되는 것인지 충분히 납득이 가지

않았는데, 거울로 자신을 보는 행위 또한 타자의 시선이기에 2차적이고 분열되어 있다는 것, 그렇기 때문에 보여지고 있다는 인식이 응시가 되고 우리가 시선으로부터 자유로울 수 없다는 흐름이 소름 돋으면서도 흥미로웠다. 추가적으로 말하기 치료를 강조했던 프로이트가 죽기 전에는 구강암으로 말할 수가 없었다는 점이 씁쓸하면서도 묘했다. **이유나** 자율전공학부

라캉의 거울단계 이론에서 흥미로웠던 것은 통합된 주체의 나를 발견하는 그 순간, 이미 타자와 사회의 시선이 개입한다는 것이다. 서구의 사상에서 그간 의심받지 않았던 이성적이고 통합된 주체는 분열을 내포하고 있으며, 이런 균열은 탈중심적인 사고로의 전환을 가져왔다. 1960년대 이런 사상의 변화는 매우 큰 영향이었고 그 중심에 라캉이 있다고 생각한다. **전다희** 미술사학과

프로이트의 무의식의 발견과 그것을 계승하며 기호학을 접목한 라캉의 구조주의적 정신분석학에 이어, 전오이디푸스 단계로서 어머니와의 관계적 측면까지 확장시킨 멜라니 클라인의 대상관계 이론으로 가는 포스트모던한 정신분석의 터널을 전영백 교수님을 따라 통과할 수 있게 되어 너무나 즐거웠다. 지금껏 남성 중심의 프로이트적 정신분석학 이론만 들어봤던 나 자신을 반성할 수도 있었던 메타적 공부가 되어서 유익했다. **고동혁** 영어영문학과

인문학을 공부해 오면서 자주 접했음에도 불구하고 항상 어렵게만 느껴졌던 정신분석학이 이번 강의를 통해 흥미롭게 다가왔다. 프로이트, 라캉, 클라인의 이론 차이를 명확히 인지하게 되었다. 특히 세상의 중심을 나로 인지하던 데카르트적인 주체에서 나를 보여지는 대상으로 추락시키는 포스트모더니즘적 사유를 보여주는 라캉의 응시

이론이 재밌었다. 타인의 시선을 부정하는 것이 아니라, 세상에 존재하는 내가 보여지는 대상임을 인정하는 것이 진정한 자유라는 것에 공감한다. **박진형** 미술사학과

라캉의 거울 이론, 거울을 통해 unified self, 통합된 자아를 볼 뿐만 아니라 타자에 의한 시선을 자각한다는 점이 흥미로웠다. 프로이트가 개인의 심리, 또 개인과 사회를 분리하여 이론을 전개했다면, 라캉은 "사회가 이미 내 안에 있다"라며 타자, 사회를 강조했다는 교수님의 해석 덕분에 정신분석학 이론을 더욱 쉽게 이해할 수 있었다. **유가영** 예술학과

라캉의 거울이론에서 주체가 소외된다는 것이 무슨 뜻인지 이해가 어려웠는데, 교수님의 강의를 듣고 알 수 있었다. 인간중심적인 사고에서 벗어나 조화와 공존을 강조하는 요즘 시대에 주체를 변방으로 밀어낸다는 라캉의 이론은 아직까지도 생각해보게 하는 시사점이 있는 것 같다. 또한 라캉 이론의 내용만 알려고 했지 라캉 이론의 핵심이 상실과 결여라는 것은 생각해보지 못했다. 부족함을 인정할 때 인간은 조금 더 자유로워질 수 있다는 것을 생각해보게 됐다. **하은비** 미술사학과

정신분석학에 있어서 프로이트로부터 라캉으로 이어지는 전개 과정에 대해 이해할 수 있었다. 프로이트와 라캉의 차이 정도만 알고 있었는데, 강연을 통해 정신분석학에 언어를 더하고 존재 안에 이미 자리 잡은 사회에 더욱 주목하는 방향으로 전개되어 갔음을 이해할 수 있었다. 응시라는 개념에 대해서도 실질적인 예시를 많이 들어주셔서 감각적으로 이해할 수 있었다. 데카르트적인 주체에서, 라캉은 분열되고 주변적이고 통제 불가능하고 결여된 주체로 존재를 격하시킨다. 이 지점을 해방으로 읽을 수 있다는 말씀도 기억에 많이 남는다. **이민영** 예술학과

2교시

심화 발제

정신분석학과 미술사 방법론

클라인의 '부분대상'으로 읽는 신체 중심적 작품과 공격성의 표상

들어가며

정신분석학은 1970년대 신미술사학의 등장 이후 미술사 영역에 접목되며 작품과 작가를 탐구하는 주요한 방법론으로 자리매김했다. 정신분석학은 개인 주체에 대한 이해 및 사회와 관계 속에서의 정체성에 대한 이론적 분석을 근간으로 여러 학자들에 의해 발전을 거듭했다. 먼저 프로이트는 인간의 무의식을 탐구하며 잠재된 억압을 찾아내고 이를 해석하는 체계적 방식을 이론화했다. 이를 통해 작품 속에 내재된 의미와 욕망을 추적하는데 기여했고 이후의 학자들에게도 지대한 영향을 끼쳤다.

본 발제는 1960년대에 이어 1980년대 후반부터 1990년대 미술계에서 바디 아트가 부상되고 신체의 파편화 및 공격성이 포착됨에 주목하여, 정신분석학 담론이 라캉을 거쳐 클라인적 모델로 이행되었음을 조명하고자 한다. 예컨대 1980년대 후반 데미안 허스트Demian Hirst를 필두로 한 yBayoung British artists 작가들은 공격적이고 파괴적인 작업을 통해 세계 미술계에 새로운 화두를 제시했다. 대표적으로 허스트의 유리관 속 절단된 동물 사체, 자신의 피를 뽑아 만든 마크 퀸Marc Quinn의 자소상 등은 미술계에 '충격 가치shock value'라는 새로운 개념을 이끌어냈다. 그 외에도 안드레 세라

노Andres Serrano의 시체 연작들, 로버트 고버Robert Gober의 절단된 신체 등 현대 미술에서 파편화되고 분절된 신체는 종종 다루어졌다.

이러한 경향이 특히 여성 작가들 작품에서 두드러졌음을 주목할 수 있는데, 미술사학자 미뇽 닉슨Mignon Nixon은 루이스 부르주아Louise Bourgeois,1911-2010를 포함 1990년대 이후 여성 작가들의 작품을 정신분석학적 시각에서 집중 조명한다. 따라서 본 발제에서는 닉슨의 논문을 기반으로, 멜라니 클라인Melanie Klein, 1882-1960의 '대상관계 이론object-relations theory'과 '부분대상part-object'으로의 표상을 탐구하고자 한다.

Ⅰ. 1990년대 이후 정신분석학 담론의 전환

1. 남근 중심주의에의 비판: 아버지에서 어머니로의 전환

정신분석학을 창안한 지그문트 프로이트Sigmund Freud, 1856-1939는 성 정체성이 태생적인 것이 아니라 성장 발달 과정 속에서 획득된다고 주장해 큰 파장을 불러일으켰다. 그가 제시한 구강기, 항문기, 남근기, 잠복기, 성기기의 발달 단계들 중, 주체는 남근기에 이르러 오이디푸스 콤플렉스를 경험하며 성 정체성을 형성하게 된다. 이처럼 그의 이론은 고정적 성관념에 기반한 남성 중심의 가부장적 위계질서에 저항하던 1960년대 페미니즘 진영에 이론적 근거를 제공했다. 하지만 아버지(남근)를 중심으로 주체 형성 과정을 설명하여 어머니의 존재는 배제된다는 점에서 페미니스트들로부터 비판을 야기하기도 했다.

자크 라캉Jacques Lacan, 1901-1981은 프로이트를 계승하면서도 혁신했다고 평가된다. 라캉은 강의에서 이미 확인했듯 프로이트의 생물학적, 생리학적 개념과는 달리 구조적으로 무의식에 접근하며, 언어학을 정신분석학에 접목시켰다. 또한 그는 성 정체성이 상징계로 진입하며 구축된다고 보았고 남근을 기표로서의 팔루스phallus로 제시하였다. 이와 관련해 닉슨은 1955년 재스퍼 존스Jasper Jones부터 1960년대 야요이 쿠사마Yayoi Kusama, 에바 헤세Eva Hesse, 루이스 부르주아 등의 작품에 등장한 수많은 남근의 패러디가 가부장적 상징을 약화시키며 정치적 효과를 담보한 그 시대의 명제였다고 언급한다.[1] 이처럼 1970년대 후반부터 1980년대 페미니스트 담론에 있어 신체 부위와는 구별되는 '욕망의 기표로서의 남근'이라는 라캉의 해석은, 이론적 명제일 뿐만 아니라 예술적 실천과 정치적 저항의 논리였다.[2] 하지만 '아버지의 이름으로'라는 라캉의 논리는 아버지, 언어, 법으로 대표되는 상징의 세계로, 이 역시 남근의 지배에 통제되는 남성 중심적 사고를 담보하며 어머니는 배제되었다.

한편 닉슨은 남근을 포함한 신체적, 파편적 형상을 멜라니 클라인의 '부분대상part-object'으로 제안한다. 닉슨은 1970~80년대 라캉 이론에 기반한 페미니즘 미술이 1990년대 이후 클라인 모델로 이행됨을 포착하고, 주체성의 형성에 있어 어머니와의 관계가 중요시되는 클라인의 '대상관계 이론object-relations theory'에 근거해 작품을 분석한다. 클라인은 초기 유아기 원초적 타자인 어머니와 유아의 관계성이 자아 형성에 핵심임을 강조하는데, 이는 그간 주체성의 형성과정에서 배제되었던 어머니를 복원시킨다. 이에 다음 절에서는 닉슨의 논문에 근거하여 여성 작가들의 작품에 드러난 핵심 주제인 공격성을 클라인의 이론으로 조명하고자 한다.

2. 미뇽 닉슨의 「충분히 나쁜 어머니」와 작품에 표상된 공격성

닉슨은 페미니스트 담론 및 젠더 이슈를 연구하는 미술사학자로, 1995년 발표한 「충분히 나쁜 어머니Bad Enough Mother」는 어머니 세대인 부르주아를 시작으로 1990년대 이후 젊은 세대 여성 작가들의 작품을 정신분석학적 시각으로 조명한 논문이다.[3]

닉슨은 이들의 작품을 분석하며 1970~80년대 쾌락과 욕망을 넘어서는 증오와 공격성에 주목하고, 이러한 전환이 라캉에 기반한 정신분석학적 연구에 대한 비판과 연계됨을 지적한다. 그녀는 특히 공격성aggression에 주목하며 프로이트와는 달리 신경증에서 정신이상psychosis으로, 성으로부터 죽음 욕동death drive으로의 전환을 강조했고, 퇴행regression 대신 위상의 변경repositioning이라는 개념을 강조한 클라인의 시각을 제안한다.[4]

「충분히 나쁜 어머니」는 제목에서부터 이미 클라인 이론을 암시하고 있다. 클라인의 '대상관계 이론'에 따르면 유아 주체의 환상 속에서는 욕동에 따라 좋은 대상과 나쁜 대상으로 분열이 일어난다. 유아에게 원초적 타자인 어머니 역시 좋은 어머니와 나쁜 어머니로 분열된다.

이와 함께 닉슨이 언급하는 '나쁜 어머니'에 대한 보다 상징적 이미지는 1982년 로버트 메이플소프Robert Mapplethorpe의 부르주아 초상 사진이다. 그녀는 팔 아래에 남근 형태의 작품 〈작은 소녀

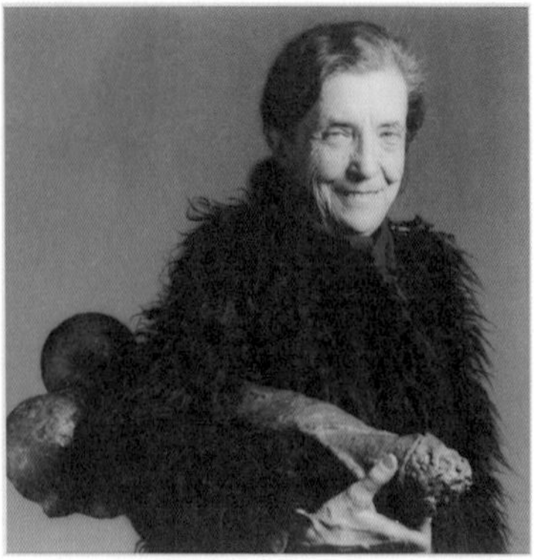
로버트 메이플소프, 〈루이스 부르주아 Louise Bourgeois〉, 1982 (printed 1991), © Robert Mapplethorpe foundation

Fillette〉(1968)를 껴안고 웃고 있는데, 이때 부르주아의 웃음은 모성 주체를 가부장적 어머니에서 유희적이고 공격적인 어머니로 전치시키는 효과를 더하며 '충분히 나쁜 어머니bad enough mother'의 이미지를 구현한다.[5] 즉 과대평가된 남근을 보며 웃고 있는 부르주아의 모습, 나아가 유아와 남근의 환유를 익살스럽게 표현하는 것 등을 통해 기표로서의 남근(팔루스)은 페니스가 된다. 다시 말해 남근이 특권적 기표로부터 미끄러져 또 하나의 공격과 욕망의 대상이 되는 것이다.[6]

위 논문에서 닉슨은 입을 통한 구강 가학적 공격성의 사례를 제시한다. 우선 클라인은 아버지의 생식기를 인식하고 그것을 먹음으로써 공격하고 파괴하려는 욕망이 두드러짐에 주목한다. 그 예로 4세 환자 딕Dick은 작은 남자 장난감을 입으로 가져가 씹으며 "Tea

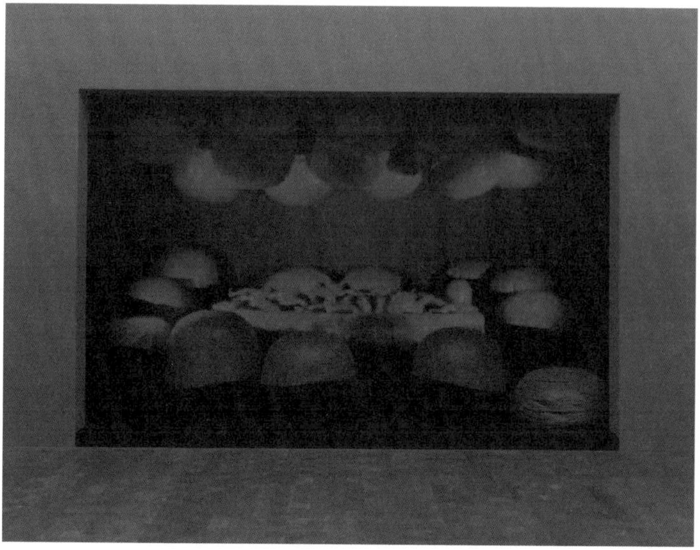

루이스 부르주아, 〈아버지의 파괴 The Destruction of the Father〉, 1974,
라텍스, 석고, 나무, 천, 붉은 조명,

Photo: Ron Amstutz.

Daddy"라고 말했지만 이는 실제 "Eat Daddy", 다시 말해 아버지를 먹는다는 의미였다고 클라인은 분석한다. 한편 부르주아는 인터뷰에서 자신이 식탁에 앉아 흰 빵에 침을 섞어 아버지 형상을 만들었고, 완성된 형상에서 칼로 팔다리를 자르기 시작한 것이 자신의 첫 조각적 해법이었다고 밝혔다. 또 재닌 안토니Janine Antoni, 1964-는 물기bite에 관심이 있는데, 그 이유는 그것이 친밀하면서도 파괴적이기 때문이며 이것이 자신과 미술사와의 관계를 요약한 것이라고 서술한 바 있다.[7]

부르주아의 〈아버지의 파괴The Destruction of the Father〉(1974)는 가학적 공격성이 가장 두드러지는 작품이다. 이 작품은 전前오이디푸스기 유아의 환상 속에서 발생하는 구강 가학을 통한 가부장제에 대한 공격을 보여주는데, 부르주아의 작품 설명을 인용하면 다음과 같다.

> 그 테이블은 아버지가 흡족해하며 앉아 주도하고 있는 끔찍하고 공포스러운 가족의 저녁 식탁이다. (아버지 외) 나머지인 아내, 아이들은 무엇을 할 수 있는가? 그들은 침묵한 채 거기 앉아 있다. 어머니는 물론 폭군인 남편을 만족시키려고 노력하고, 아이들은 분노로 가득 차 있다. 우리 세 아이들은 형, 누나, 나였다. […] 아버지는 신경질적으로 우리를 보며, 자신이 얼마나 위대한 사람인지 우리 모두에게 설명하곤 하셨다. 분노에 찬 우리는 아버지를 붙잡아 테이블 위에 던진 다음, 팔다리를 절단하고 먹어치웠다.[8]

부르주아의 이 환상에서 먹는다는 것은 클라인적이고 반反라캉적인 구강 가학oral sadism으로 대체된다. 말하고 싶은 어린 소녀의 욕망과 침묵에 대한 좌절은 구강적 힘과 쾌락에 대한 또 다른 욕망, 즉 말로써 억압하는 사람을 물어뜯고 잘라먹으려는 공격적 욕망으로 전환된다. 다시 말해 테이블 위에서 파괴되고 파편화된 아버지의 신체는 유아기 공격적 환상의 대상으로 기능하는데, 부르주아는 클라인의 '부분대상' 논리에 근거하여 라캉의 언어를 통한 주체성으로의 진입 및 '아버지의 이름으로'라는 논리를 전복시켰다고

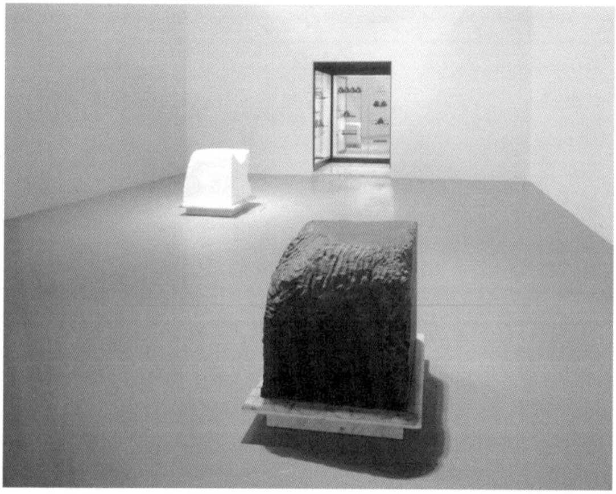

재닌 안토니, 〈갉다 Gnaw〉, 1992. 작가가 입으로 갉은 흔적이 있는 600파운드의 초콜릿 큐브와 라드 큐브, © Janine Antoni, Courtesy of the artist and Luhring Augustine, New York
The Museum of Contemporary Art, Los Angeles 설치 사진

닉슨은 분석한다.[9]

욕동에 근거한 부르주아의 〈아버지의 파괴〉 논리는, 재닌 안토니가 초콜릿과 라드 덩어리를 반복적으로 깨물고 뱉어내는 "구강 가학적" 작업에도 작용한다고 볼 수 있다.

안토니는 〈갉다Gnaw〉(1992)에서 초콜릿 덩어리와 라드(굳힌 돼지지방 덩어리)를 입으로 반복적으로 갉은 후 뱉어내고, 그 배출된 지방과 초콜릿을 모아 립스틱 튜브와 하트 모양의 사탕 상자를 만든다. 이 작품은 다층적 의미를 가지고 있다. 그 중 퇴행, 구강 고착, 반복 강박의 면에서는 정신분석학적 독해가 가능하다.

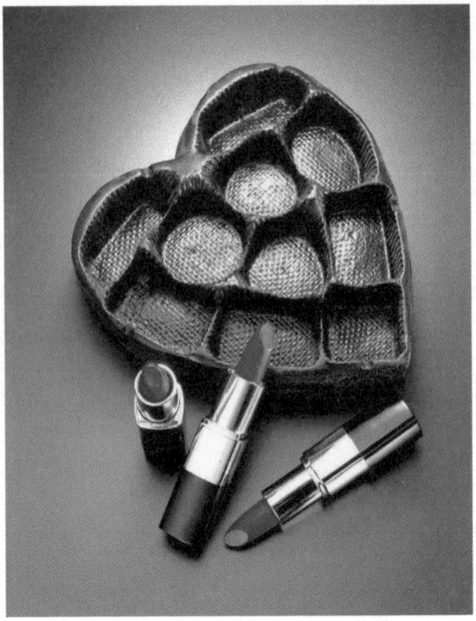

재닌 안토니, 〈갉다 Gnaw〉, 1992 중 세부 이미지. 초콜릿과 라드 큐브(각 60.96 x 60.96 x 60.96 cm)에서 갉아낸 초콜릿으로 만든 하트 모양의 초콜릿 패키지 45개와, 갉아 낸 라드 큐브에 안료와 밀랍을 섞어 만든 립스틱 150개 중 일부, Photo: John Bessler, © Janine Antoni, Courtesy of the artist and Luhring Augustine, New York.

일부 비평가는 이 작품을 부르주아, 헤세, 한나 윌키Hannah Wilke 등의 1970년대 신체 중심적 작품과 관련시키며 "70년대 페미니스트들의 신체적 수행을 반복하는 것"으로 읽는 경향이 있다.[10] 그러나 이러한 비평은 공격적 행위를 '부분대상'의 구조로 읽지 않고, 신체적 수행을 통해 관습적 대상을 생산하는 논리로 읽은 한계가 있다고 닉슨은 지적한다. 다시 말해 "물고 뱉고 삼키는 등의 공격적 행위를 단순히 여성의 마조히즘적 욕망 및 립스틱, 사탕 상자의 생산과 연결시켰다는 것"이다.

따라서 "이 작품의 구조에서 유아적 공격성infantile aggression은 섭식장애eating disorder(갉고 뱉어내는) 형태의 강박적 행동으로 이어지고, 이후 관습화된 여성적 욕망물(립스틱과 초콜릿)의 생산을 통해 회복된다recuperated. 이것은 공격성을 억제하거나 파괴적 결과를 인식하고 회복하려는 클라인적 이론의 중요한 구조와 연결된다."고 닉슨은 분석했다.[11]

요컨대, 1970~80년대 바디 아트의 주도적 작가들이 프로이트 및 라캉의 이론에 기대어 해석되었다면, 80년대 후반부터 신체 중심적 작업을 이끌던 작가들에게는 특히 클라인의 이론이 유용한 분석의 틀을 제공했다고 할 수 있다. 다음 장에서는 클라인의 '대상관계 이론'과 작품간의 접목을 꾀한 닉슨의 연구를 구체적으로 고찰하고자 한다.

Ⅱ. 멜라니 클라인의 '부분대상'으로 읽는 여성 작가들의 신체 중심적 작품

1. 클라인의 '대상관계 이론'과 '부분대상'

클라인의 '대상관계 이론'에 따르면 생후 3개월경의 유아는 자신과 대상, 외부와 내부 세계, 실재와 환상을 제대로 구분하지 못한다. 또한 자신의 신체적 욕구가 좌절되고 죽음에 이를수도 있다는 불안에 시달린다. 이처럼 유아에게 죽음 욕동death drive은 오이디푸스기 이전인 생후 초기부터 존재하며 이때 좋은 대상과 나쁜 대상으로의 분열은 멸절에 대한 공포 및 불안에 대한 방어기제라고 클라인은 주장한다.[12] 이 시기 유아에게 원초적 타자는 어머니이며, 유아는 자신도 어머니도 하나의 통합된 대상이 아닌 '부분대상'으로 인식한다. 생존에 가장 유의미한 대상이자 공격적 충동이 투영되는 최초의 부분대상은 '어머니의 젖가슴'이고 이후 다른 부분대상들이 추가된다. 신체 중심의 파편적 이미지로 나타나는 부분대상은 유아기 주체의 욕동drive에 근거하여 좋은 대상과 나쁜 대상으로 분열이 이루어지며 가슴, 음경, 입, 대변, 소변 등의 부분대상이 환상에 의해 작동된다.

클라인에 따르면 유아는 생후 초기부터 자신이 사랑하고 질투하는 대상을 파괴하는 환상에 시달린다. 즉 아버지에게 어머니를 빼앗기거나 음경을 잃는 것을 두려워하는 오이디푸스 콤플렉스에 앞서, 자신의 파괴적 충동이 야기하는 대상의 상실을 두려워한다. 오이디푸스 중심의 프로이트 모델에서 첫 번째 공격 대상이 아버지였다면, 클라인 모델에서는 아버지 심지어 어머니도 아닌 부분대상들(젖가슴, 우유, 페니스, 아이들, 자궁 등)과 다른 부분대상들(입, 치아, 소변, 대변 등)의 연결을 환상화하고 죽음 욕동을 실연하는 광란의 공격을 상정한다.[13]

고무, 플라스틱, 밀랍으로 만든 입, 발, 다리, 이빨, 젖꼭지, 가슴, 음경, 질 등을 끈에 매달거나 덩어리로 만드는 미국 조각가 로나 폰딕Rona Pondick, 1952-은 사실상 클라인이라는 이름을 말하고 있다고 닉슨은 분석한다. 폰딕의 작품들은 물고 빨고 배설하기 또는 신체의 파편화와 부분의 합성 등을 묘사하고 있는데, 닉슨은 특히 공격적 환상이 표상되는 구조에 주목한다.[14] 폰딕의 설치작품에서 구강 가학적이고 항문 가학적인 유아적 환상은 부분대상들을 천장에 매달고 바닥에 엎지르고 코너에 쌓아 올린다. 이는 성인 신체의 통합성과 수직성에 저항하며 유아의 욕동 수준에서 작동한다고 볼 수 있다.

폰딕의 1993년 설치 작품에는 〈다리Legs〉, 〈입Mouth〉, 〈우유 우유Milk Milk〉 세 작품이 포함되었다. 다리와 음경이 융합된 핑크색 관 모양 쿠션을 남성 기성화 속에 넣은 작품 〈다리〉는, 바닥까지 끌리

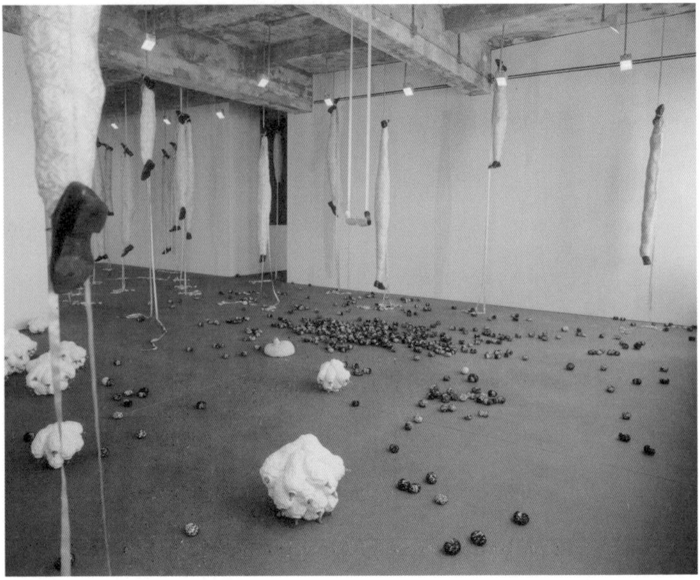

로나 폰딕, 〈다리 Legs〉, 〈입 Mouth〉, 〈우유 우유 Milk Milk〉 설치 전경, 1993, © Rona Pondick.

는 리본에 묶여 천장에 매달린 채 흔들거린다. 〈입〉은 수백 개의 이빨, 젖꼭지, 끈적이는 피가 합성된 것으로 바닥 여기저기 흩어져 있다. 〈우유 우유〉는 젖병 젖꼭지가 장착된 희고 둥근 모양의 가슴 덩어리다. 이들은 시리즈가 아니라 천장, 바닥, 구석의 관계를 통해 정의되는 상호 연결 시스템 위치에 의해, 더불어 서로 다른 부분 대상들인 물고 빠는 입, 가슴, 우유 등의 관계를 통해 기능하게 된다.[15]

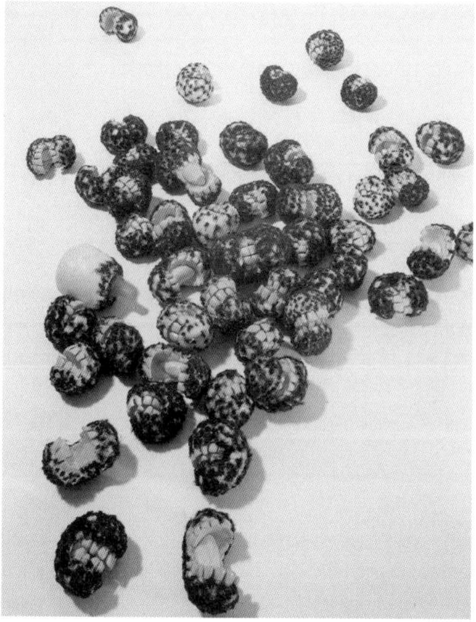

로나 폰딕, 〈입 Mouth〉, 1992-93,
고무 치아, 플라스틱, 젖꼭지 및 아마,
600개, 각각 약 7.62 x 12.7 x 7cm.
© Rona Pondick

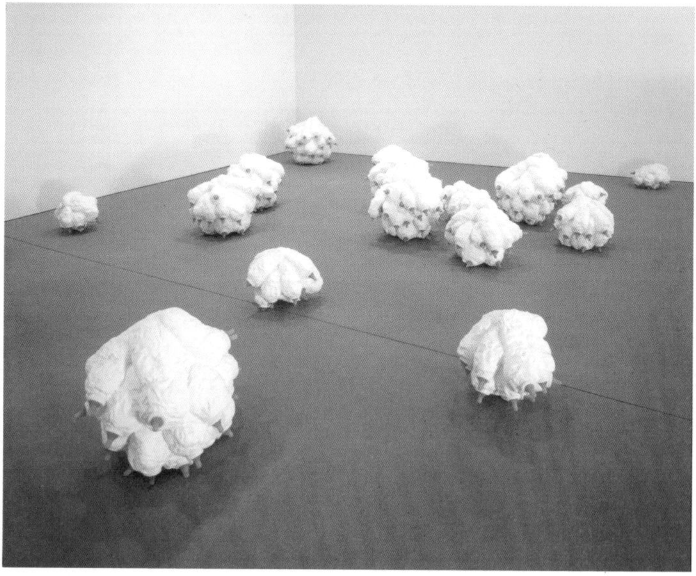

로나 폰딕, 〈우유 우유 Milk Milk〉, 1992-93,
젖꼭지, 종이 타월, 플라스틱, 수지 및 왁스, 17개,
19.68 x 29.21 x 25.4cm ~ 45.72 x 53.98 x 51.75cm, © Rona Pondick

2. '위상'의 개념 및 불안과 억제의 메커니즘 : '편집분열적 위상'과 '우울적 위상'

클라인의 이론이 전前오이디푸스기의 유아적 환상과 공격성에 집중하므로 이를 퇴행이라고 보는 견해도 있지만, 닉슨은 퇴행regression 대신 '위상'의 변경이라는 개념으로 분석한다. 여기서 '위상position'은 프로이트의 발전적이고 연대기적인 '단계stage'와는 차별화되는 클라인적 개념이다.

클라인의 '대상관계 이론'에 따르면 어머니에 대한 공격성과 이것의 파괴적 효과에 대한 우울한 불안감이 어머니와 유아 관계mother-infant relation를 형성한다.[16] 클라인은 위상 개념을 제시하며 6개월 무렵 유아가 '편집분열적 위상paranoid-schizoid position'으로부터 '우울적 위상depressive position'으로 전이되고, 부분에서 통합된 전체를 인식하는 단계로 이행된다고 밝혔다. '편집분열적 위상'에서 유아는 나쁜 대상에 대해 자신의 파괴적인 공격성을 투영한다. 그러나 곧 그 대상이 좋은 대상과 나쁜 대상으로 분열된 대상이 아닌, 하나로 통합된 동일 대상임을 자각하게 된다. 이후 유아는 파괴적 결과에 대한 불안에 사로잡혀 자신의 공격성으로 인해 좋은 대상을 상실한 것을 애도한다. 이것이 '우울적 위상'의 단계라고 할 수 있다. 이처럼 '편집분열적 위상'과 '우울적 위상' 양자를 이동하면서 주체는 두 위상에서의 파괴적이면서도 회복적인 상호작용을 통해 주체성을 구축한다고 클라인은 주장한다.

앞서 살펴본 폰딕의 설치 작업은 욕동에 근거한 대상의 융합 및 분열이라는 '부분대상'의 논리에 의해 구조화된다. 예를 들어 빨거나 물고 싶은 충동은 그것을 그대로 실연하는 시스템을 만들어낸다. 이러한 작업은 클라인이 제시하는 '편집분열적 위상'의 라인을 따라 전前오이디푸스적 주체를 구성한다. 폰딕의 작품은 편집증적 불안감 속에서 '편집분열적 위상'의 파괴적 환상을 실현한 것으로 닉슨은 분석한다.[17]

한편 닉슨은 레이첼 화이트리드Rachel Whiteread, 1963~ 작품이 우울적 불안을 유발한다고 분석하는데[18] 이는 부재와 상실에 따른 클라인의 '우울적 위상'의 관점에서 이해될 수 있다. 영국 조각가 화이트리드는 은폐된 공간을 덩어리 형태로 가시화하며 공간에서의 경험과 기억을 형상화한다. 1993년 터너 상Turner Prize을 수상하고 1997년 베니스 비엔날레에서 영국 대표 작가로 선정된 화이트리드는 주로 조형적으로 단순한 일상 오브제들을 다룬다. 특이한 점은 외부에서 보이지 않는 무無의 공간, 즉 옷장 내부 공간을 캐스팅 한다거나, 책장에서 책과 책꽂이의 사이 공간을 떠내는 등 은폐된 내부 공간을 음화negative의 방식으로 캐스팅한다. 예를 들어 병을 앓다 돌아가신 이의 버려진 침대 매트리스, 그 외에도 욕조, 의자 등 일상적이고 신체 흔적이 배어있는 폐기물들의 주물 작업은 얼룩, 균열, 움푹 패인 자국 등을 품고 있다. 더불어 남겨진 공간을 담아낸 석고나 고무 캐스팅 작업은 기억과 삶의 흔적을 담아낼 뿐만 아니라 대상의 상실과 부재의 표상으로 기능하며 나아가 죽음

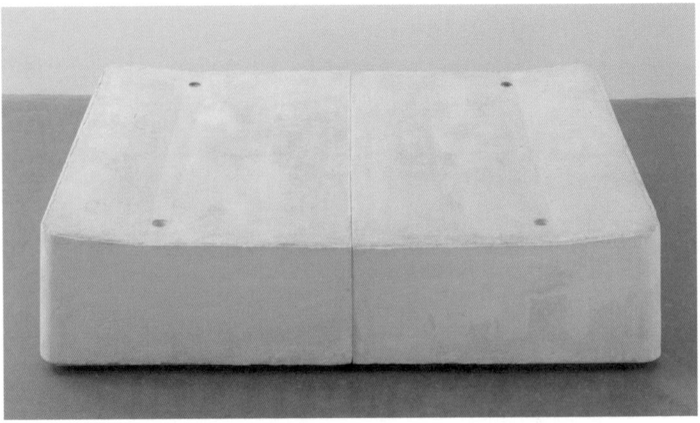

레이첼 화이트리드, 〈무제(침대), Untitled (Bed)〉, 1991, 석고, 뉴욕 현대미술관(MoMA), 30.5 x 188 x 137.2 cm, © Rachel Whiteread.

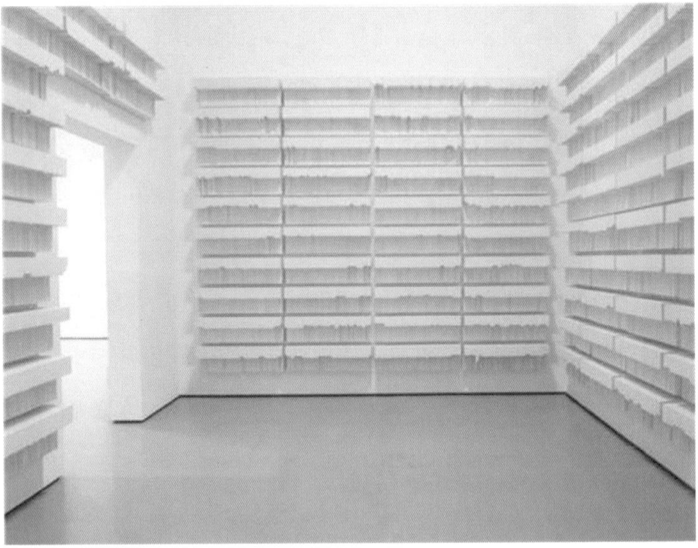

레이첼 화이트리드, 〈무제(책), Untitled (Paperbacks)〉, 1991, 석고와 강철, 뉴욕 현대미술관(MoMA), 450 x 480 x 632cm, © Rachel Whiteread.

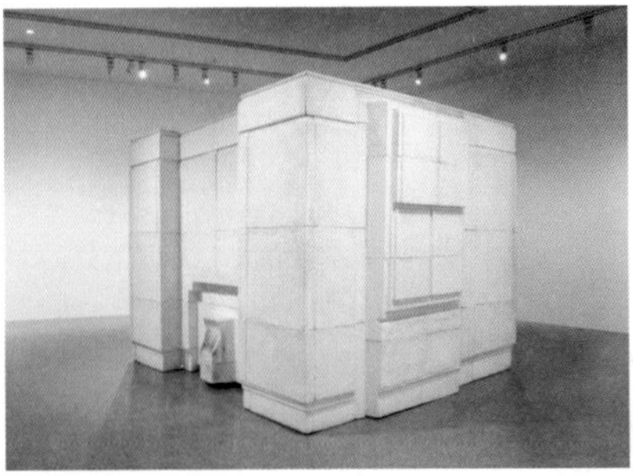

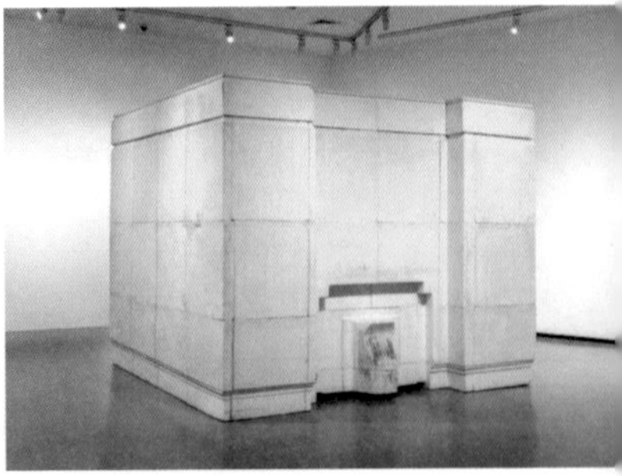

레이첼 화이트리드, 〈혼령, Ghost〉, 1990, 강철 프레임에 석고, 미국 국립 미술관(National Gallery of Art), 269 x 355.5 x 317.5cm, © Rachel Whiteread.

을 은유하기도 한다.

초기작 〈혼령Ghost〉(1990)은 런던 빅토리아 시대 주택의 거실 내부를 석고로 주조한 것으로 내부 공간을 뒤집어 표현하는 화이트리드의 작업 방식을 잘 보여준다. 이때 비어있는 부재의 공간은 부피감 있는 덩어리 공간으로 네거티브 형식을 빌어 변모된다. 화이트리드는 그을음 자국이 남아있는 벽난로와 건물의 내부 흔적 및 질감이 고스란히 담긴 이 작품에 대해 "방 안의 공기를 미라mummy처럼 만들려 했다"고 설명했다. 이와 유사한 화이트리드의 대표작 〈집House〉(1993)은 주민들의 반발로 철거되는 등 큰 논쟁을 낳았지만, 그에게 터너 상을 안겨준 작품이 되었다.

발제를 마치며

이상에서 살펴본 바와 같이 클라인의 '대상관계 이론'은 1980년대 후반~90년대 작품에 두드러지는 공격성 및 신체의 파편화를 정신분석학적으로 읽어내는 이론적 근거를 제공한다. 특히 1990년대 이후 프로이트나 라캉의 남근 중심주의를 비판하던 페미니스트 담론의 흐름을 클라인으로 전환시켰다.

클라인에 따르면 전前오이디푸스기인 3개월 무렵 유아는 주체와 대상을 '부분대상'으로 인지하는데, 이때 유아 주체의 욕동에 따라 좋은 대상과 나쁜 대상으로 분열이 이루어진다. 클라인이 제시한 위상의 개념에 따르면 '편집분열적 위상'에서는 공격성이 발현된다. 이후 대상을 '부분대상'이 아닌 통합 주체로 인식하는데 이때 공격적 충동이 야기한 파괴에 대한 불안은 '우울적 위상'을 촉발시킨다. '우울적 위상'에서의 죄의식과 애도는 수정 및 회복 과정으로 이어지는데,[20] 이는 승화와 성숙의 단계로 볼 수 있다. 클라인의 '대상관계 이론'에서는 주체와 대상을 부분대상에서 통합주체로 인식하고 회복의 과정을 거치는 위상 간 상호작용을 통해 주체성이 형성되며, 프로이트와 달리 유아기에 국한되지 않고 일생동안 두 위

상을 오간다고 닉슨은 주장한다.[21]

'대상관계 이론'은 전前오이디푸스 단계에 초점을 맞춤으로써 주체 형성 시기에 대한 인식을 프로이트나 라캉보다 앞당기고, 초기 유아기의 신체에 대한 환상을 이론화한다. 뿐만 아니라 파괴적 공격성, 편집증, 우울증과 같은 심리적 측면을 위상 간 양가적 상호작용으로 분석한다.[22] 이러한 면에서 클라인의 이론은 1980년대 후반 이후 미술계의 주요 경향인 작가들의 파편적이고 공격적인 작품 경향, 그리고 2000년대 상실과 부재의 표상으로 이어지는 흐름을 정신분석학적으로 독해하는 이론적 기반이 된다. 나아가 그간 프로이트의 '아들-아버지'라는 남성 중심적 관계와는 달리 '유아-어머니' 관계에 기초해 주체의 형성과정을 재조명함으로써, 페미니스트 담론에도 중요한 이론적 근거를 마련했다는 데 의의가 있다고 볼 수 있다.

▶ **교수님 코멘트:** 여러분, 〈아버지의 파괴〉나 절단된 신체 등이 지나치게 파괴적으로 느껴졌나요? 그런데 너무 그렇게 위험하게 생각할 필요는 없습니다. 실제가 아니라 유아의 환상 속에서 일어나는 것을 이론화 한 것이니까요. 이것은 1980년대 후반부터 1990년대 미술의 주요 흐름이었던 신체 중심의 공격적 작업, 특히 분절된fragmented 신체작업 등을 이해할 수 있는 이론적 근거라고 보면 됩니다. 또한 이런 경향은 비단 여성 작가들만이 아니었어요. 남성작가들도 마찬가지였으니까요. 다만, 우리 수업의 발제에서는 여성 주체와 몸의 관계에 집중한 연구를 다뤘던 것이지요. 그리고 이 시기 작업을 클라

인의 정신분석학적 방법론을 활용해 분석한 연구들 중에는 남성작가들보다 여성작가들의 작업을 다룬 연구가 훨씬 많은 게 사실입니다.

강의 시간에 이미 강조한 것이지만, 클라인의 위상position 개념은 프로이트 이론에서 유아기에 거치는 단계stage 개념과는 다릅니다. 프로이트의 유아기 발달단계는 순차적으로 진행되므로 주체에게 문제가 생겼을 때 퇴행하여 고착되며 신경증적 증상을 보이는 것이죠. 하지만 클라인의 '위상' 개념에 따르면 위상 간의 상호작용이란 성인기에도 언제든 반복되는 것이므로, 수정 회복의 과정을 거칠 수 있다는 면에서 희망적이라고 할 수 있어요. 부분에서 전체로 파악해가는 과정을 통해, 단순하고 이분법적이었던 인간의 행동은 주체가 통합된 타자를 인식하면서 우울적 위상을 거치게 됩니다. 하지만 이 위상에서 주체는 회복의 과정을 거치는 것이므로 꼭 나쁜 것만은 아니라고 할 수 있어요. 클라인 자신이 이 우울적 위상에서 주체가 성숙되며 창의적인 창작 활동과 연계된다고 언급했죠.

이 이론에서 또 중요한 것이 공격성의 발현입니다. 이는 언어 메커니즘과도 닮아있는데 최소한의 공격성 발현은 상징계 진입에 있어서도 꼭 필요합니다. 클라인이 분석하는 이 시기는 언어 이전의 시기입니다. 1980년대에서 1990년대에는 언어, 이성, 논리, 체계에 순응하는 주체보다는 언어 이전의 분열되고 파편화된 주체에 관심을 갖던 시기였으므로 이러한 이론들이 소환되어 작품을 독해하는 데 활용되었다고 이해할 수 있습니다.

김세정 발제/전영백 감수

3교시

응용 발표

정신분석학 Case Studies

Case 1. 필립 거스톤
반복적 모티프와 만화적 간결성을 통한 트라우마의 극복

Case 2. 게르하르트 리히터
포토 페인팅과 추상회화를 통한 역사적 트라우마의 표상

Case 3. 로버트 고버
동성애자로서 느끼는 사회적 단절과 소외의 표상

Case 4. 루카스 사마라스
왜곡 조작된 이미지로 표출되는 강박적 자화상

Case 5. 야요이 쿠사마
트라우마와 강박신경증의 예술적 승화

Case 6. 에바 헤세
파편화된 부분대상과 부조리성의 표상

Case 1. 필립 거스톤

반복적 모티프와 만화적 간결성을 통한 트라우마의 극복

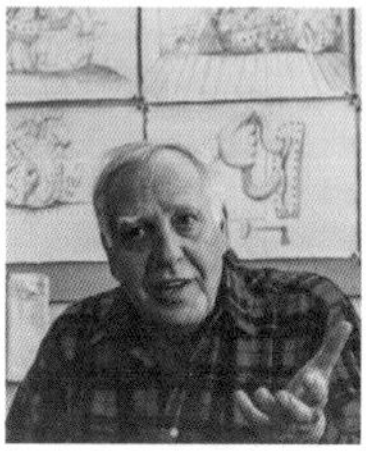

필립 거스톤

캐나다 태생의 미국 작가 필립 거스톤Philip Guston, 1913-1980은 1960년대 중반까지 잭슨 폴록Jackson Pollock, 마크 로스코Mark Rothko 등과 함께 추상표현주의 대표 작가로 알려져 있었다. 하지만 1970년 뉴욕 말보로 갤러리Marlborough Gallery에서의 개인전은 '추상화가'라는 말이 무색할 정도의 생소한 전시였다. <셋The Three>(1970)과 같이 후드를 뒤집어 쓴 삼각형 인물 모티프의 반복과 만화 속 캐릭터 같은 간결한 묘사는 당시 미술계의 비판을 불러일으켰다. 1960년대 중반 미국 사회는 주지하듯 혼돈의 시간이었다. 케네디 대통령, 마틴 루터 킹 등 유명 인사 암살 사건이 잇따랐고, 베트남전 반전 운동과 그에 대한 정부의 폭력적 대응이 이어졌다. 여러 인터뷰에서 밝혔듯 이와 같은 혼란한 사회상은 거스톤이 현실과 괴리된 추상으로부터 구상으로 전환한 배경이 되었다고 볼 수 있다.

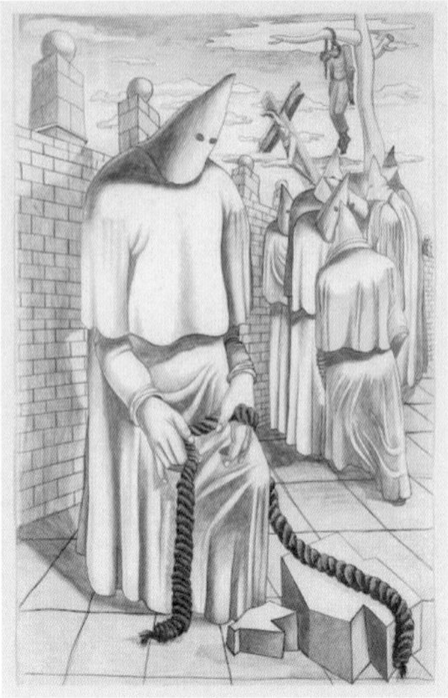

필립 거스톤, 〈'음모자들'을 위한 드로잉〉, 1930

흰 후드를 뒤집어 쓴 삼각형 인물 모티프는 KKK단Ku Klux Klan 멤버들을 지칭하는 '클랜즈맨Klansman' 형상으로 알려져 있다. 이는 초기 작품 〈'음모자들'을 위한 드로잉Drawing for Conspirators〉(1930)에도 등장한다. 미술사가 도널드 쿠스핏Donald Kuspit과 비평가 대니얼 모리스Daniel Morris가 지적하듯, 클랜즈맨에는 거스톤의 충격적인 자전적 요소가 반영되어 있다.

거스톤은 유태인 망명자의 아들로, 그의 부모는 러시아에서 망명하여 캐나다를 거쳐 미국 LA에 정착했다. 그러나 낯선 미국 사회와 영어권에 잘 적응하지 못해 고물상으로 생계를 이어가던 아버지는, 결국 구타당한 몸으로 스스로 목을 매 자살로 생을 마감하게 된다.[1] 그 현장을 목격하고 직접 밧줄을 끊어 아버지의 시신을 내린 거스톤의 자전적 스토리를 상기할 때 원경에 매달린 시신은 아버지를, 끊어진 밧줄을 들고 있는 중앙의 클랜즈맨에는 작가 자신을 대입하는 '자화상으로서의 클랜즈맨'이라는 독해가 가능하다. 모리스는 이것이 당시 흑인뿐만 아니라 유태인에게도 폭력을 가했던 KKK단에 대한 경험이 내재된 것이며, 아버지에게 가해졌던 사회적 폭력에 대한 저항이라고 해석한다.[2]

나아가 큐레이터 해리 쿠퍼Harry Cooper는 이 이미지를 '아버지에 대한 동일시'로 분석한다. 폭력과 죽음의 집행자는 클랜즈맨이지만, 자살의 경우엔 스스로가 죽음의 집행자이자 희생자가 된다. 거스톤은 밧줄을 끊고 고뇌에 빠진 듯한 죽음의 집행자 클랜즈맨에 본인을 치환함으로써 죽음의 집행자이기도 한 아버지를 희생자로만 상정하는데, 이 과정에서 아버지와의 동일시가 이루어진다.[3] '아버지에 대한 동일시'는 유아기의 심리적 억압, 오이디푸스적 욕망으로 해석할 수 있다. 프로이트는 동일시 메커니즘을 유아기의 나르시시즘적 동일시 단계로의 퇴행과 거세 공포로 설명하는데, 이는 실제 거스톤의 〈음모자〉 관련 일화와도 부합한다.[4] 나아가 폭력 주체인 클랜즈맨에 자신을 대입하는 것은 멜랑콜리아 심리 작용 중 '가해자' 역할을 자기 스스로에게 대입하는 '자기-체벌'과도 연결시켜 해석할 수 있다.[5] 이는 쿠스핏이 언급하듯 거스톤이 성姓을 'Goldstein'에서 'Guston'으로 변경하여 자신의 유태인 정체성을

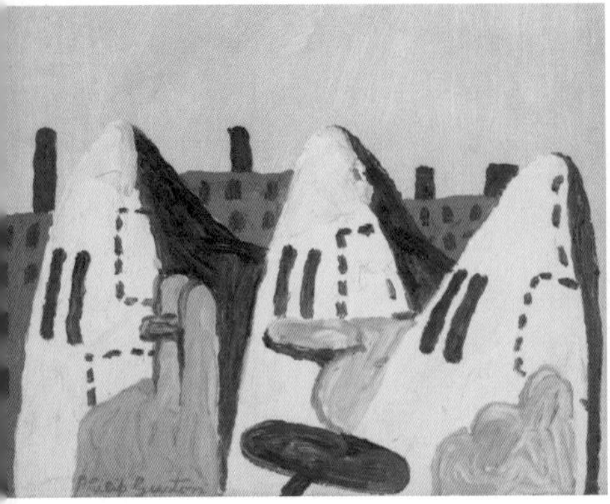

필립 거스톤, 〈셋〉, 1970

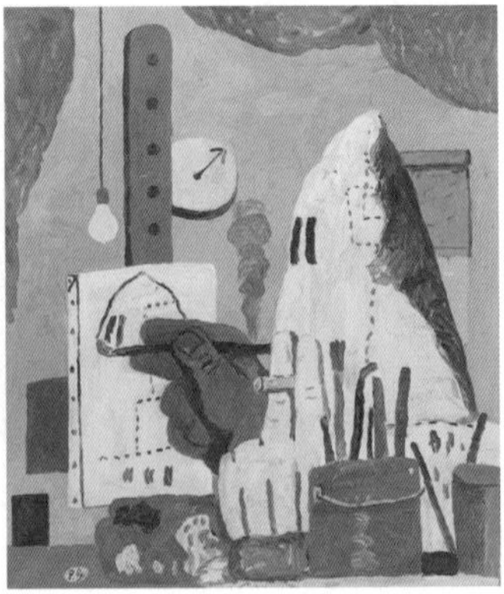

필립 거스톤, 〈스튜디오〉, 1969

부인한 것에 대한 무의식적 죄책감과도 관련이 있다고 보여진다.[6]

한편 그의 1960년대 후반 작업은 1930년대 사실적 표현이나 사회적 폭력에 대한 상징과는 다소 차이가 있다. 말보로 개인전(1970)의 주요 작품인 〈스튜디오The Studio〉(1969)는 스튜디오에서 클랜즈맨이 또 다른 클랜즈맨을 그리고 있어 역시 거스톤의 자화상으로 평가된다. 〈셋The Three〉(1970)에서도 일상적 표현과 모티프의 반복된 나열 구조가 보여지는데, 프로이트에 따르면 반복 강박repetition compulsion은 억압된 심리구조의 회귀와 연관되며 트라우마를 극복하는 통제 기제로 이해된다.

쿠스핏은 만화적 이미지와 간결한 형식을 후기 작업의 또 다른 특징으로 지적하며 이것이 고통의 분출에 대한 방어이자 블랙 유머라고 언급한다.[7] 세부 묘사를 배제한 그의 단순하고 간결한 드로잉, 투박한 붓 자국은 고통스런 감정에 대한 반어적 표현이며 그것을 방어하고자 희극적 분위기를 강조하는 유머의 형식적 특징이다. 결론적으로 거스톤의 후기 작업인 클랜즈맨 모티프의 반복과 간결한 만화적 형식은, 유태인이라는 정체성과 아버지의 죽음에 대한 심리적 트라우마의 반영이자 극복이라는 의미로 읽을 수 있다.

Case 2. 게르하르트 리히터

포토 페인팅과 추상회화를 통한 역사적 트라우마의 표상

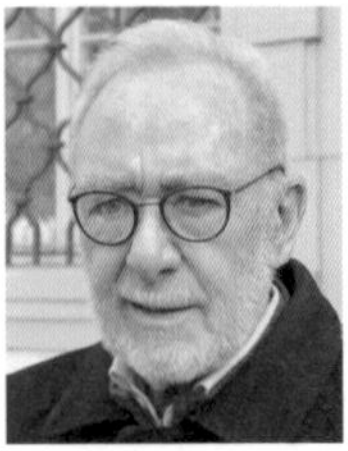

게르하르트 리히터

전후 독일을 대표하는 작가 게르하르트 리히터Gerhard Richter, 1932-는 본인만의 다양한 조형 언어로 구상과 추상을 넘나들며 1996년 베니스 비엔날레에서 황금사자상을 수상한 동시대미술의 거장이다. 구 동독 드레스덴에서 출생하여 드레스덴 미술대학Dresden Art Academy을 졸업하고 사회주의 리얼리즘 미술을 배웠던 그는, 1961년 서독으로 탈출한 후 뒤셀도르프 미술대학Düsseldorf Art Academy에서 수학하며 팝아트, 플럭서스 등 다양한 서구 사조를 접하게 된다. 이러한 과정을 거치며 그는 고정된 양식이나 이데올로기를 거부하고 다양한 작업을 시도한다.

리히터는 홀로코스트Holocaust와 같은 비극적 현대사를 기억해야 한다는 사명감과 트라우마로 인한 기억의 재현 불가능성 사이에서, 포토 페인팅Photo Painting을 통해 형상회화와 추상회화라는 서로 상반된 조형언어를 찾게 된다. 실제 사진에 기초해 작업하는 1960년대의 포토 페인팅은 작가가 주관적 시각을 최대한 배제하기 위해 채택한 것으로, 이는 단순히 이미지 차용을 넘어 기억의 문제를 매개한다. 특히 그림이 마르기 전 표면을 붓으로 쓸어내어 윤곽과 경계를 흐리는 '블러링blurring' 기법은 리히터만의 특징이다. 이를 통해 주제 면에서는 독일 나치 시대의 암울했던 역사를, 매체의 측면에서는 사진과 회화의 장르적 경계를 다루고 있다. 나아가 이 기법은 희미해졌거나 마주하기 두려운 억압된 외상적 기억에 대한 심리적 저항 기제로도 읽을 수 있다.

〈루디 삼촌Uncle Rudi〉(1965)은 나치 육군 중위 복장을 한 채 웃고 있는 한 남성의 흑백 포토 페인팅이다. 실제 본인의 외삼촌이었

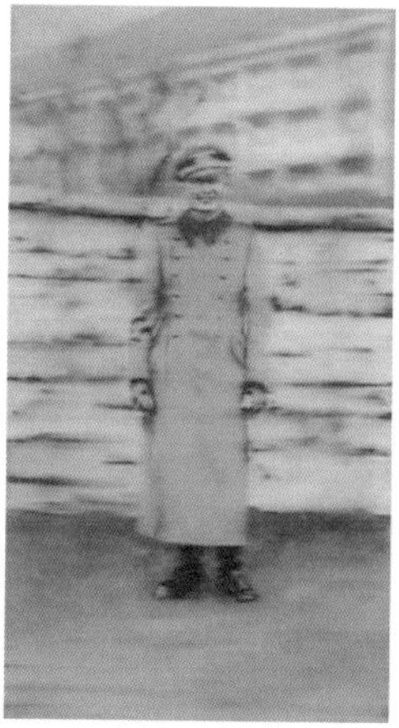

게르하르트 리히터,
〈루디 삼촌〉, 1965

던 그는 가족들 사이에서 리히터의 롤모델로 언급되던 선하고 평판 좋은 인물이었는데, 1944년 노르망디 전투에서 사망했다.[8] 리히터는 '나치 장교'라는 역사적 치부와 '다정히 미소 짓고 있는 좋은 삼촌'이라는 모순되는 측면을, 흐린 블러링 기법으로 결합했다. 미술사가 폴 재스콧Paul B. Jaskot은 나치당에 참여한 잔인함을 감춘 채 평범한 가족 초상화로 보이는 점을 지적하며, 이를 정치 철학자 한나 아렌트의 저서 『예루살렘의 아이히만: 악의 평범성에 대한 보고서Eichmann in Jerusalem: A Report on the Banality of Evil』(1963)와 연계해 서술했다.[9]

1980년대에 리히터는 바니타스 정물화에 관심을 가진다. 〈촛불과 해골Skull with Candle〉(1983)은 전쟁으로 인해 이별과 상실을 겪은 동시대인들에 대한 무의식적 집단 애도로 볼 수 있다. 나아가 촛불 시리즈는 명상과 침묵을 통해 슬픔이나 분노를 가라앉힘으로

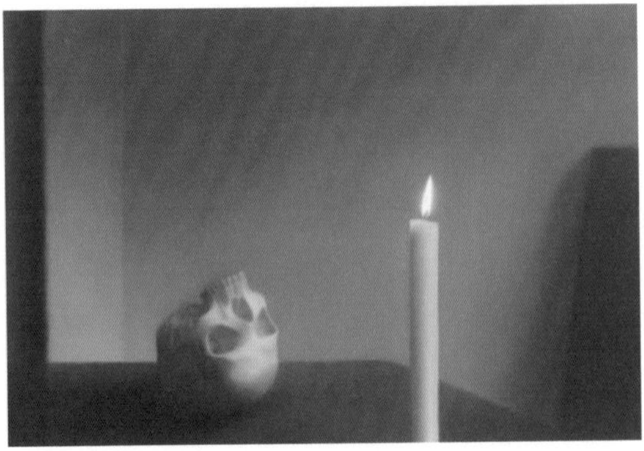

게르하르트 리히터, 〈촛불과 해골〉, 1983

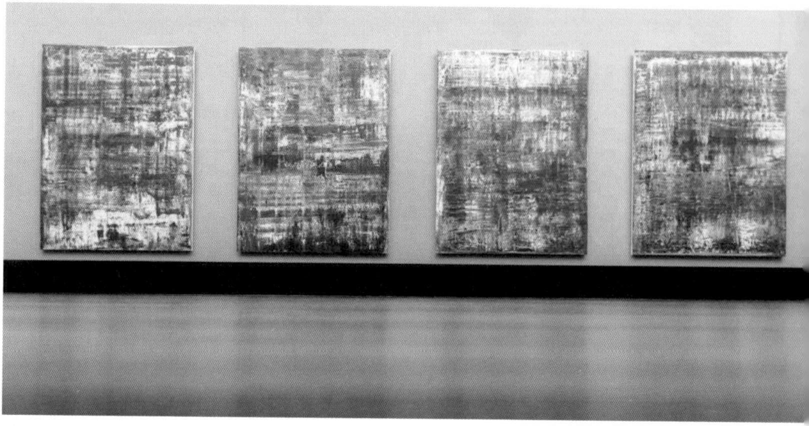

게르하르트 리히터, 《비르케나우》, 2014

써 '억압된 외상적 기억의 승화'로도 읽을 수 있다.

한편 리히터는 큰 스퀴지squeegee, rakel를 이용한 추상 작업도 진행하였다.[10] 《비르케나우Birkenau》(2014) 연작에서 제목 '비르케나우'는 아우슈비츠 수용소 시설 중 한 곳으로, 유태인의 대량 학살이 자행되었던 대표적인 곳이다. 이 작품은 비르케나우의 한 유태인 수감자가 폴란드 저항 단체에 의해 밀반입된 카메라로 비밀리에 찍은 4장의 사진을 기반으로 하는데, 사진에는 가스실 희생자들의 시신을 불태워 처리하는 모습 등이 담겨있다.[11]

2014년 리히터는 철학자이자 시각문화 비평가인 조르주 디디-위베르만Georges Didi-Huberman의 저작 『모든 것을 무릅쓴 이미지들Images Malgre Tout; Images in Spite of All』(2008)에서 이 사진들을 접하고, 예술이 어떻게 홀로코스트 역사를 표현할 것인가의 문제에 봉착하게 된다.[12] 처참한 수용소 이미지로 포토 페인팅을 시도했던 리히터는 번번이 작업을 중단한 끝에 결국 이미지 위에 여러 색의 물감을 두껍게 짠 스퀴지로 긁어내기를 반복, 마침내 이미지가 가려진 4점의 추상화를 완성한다.

나치의 강제 수용소를 그리는 것이 불가능했다는 리히터는, 역사적 트라우마의 암울함을 포토 페인팅이 아닌 일그러진 색조의 추상화로 표상했다. 수용소의 고통과 죽음, 화장터의 연기 등을 연상시키는 회색조 작품은 홀로코스트의 아픔을 여러 층위의 얼룩으로 드러낸다. 지우고 또 지우는 반복 강박 행위, 상흔처럼 보이는 표면의 긁힌 질감은 억압된 고통과 트라우마의 승화 기제로 읽을 수 있는데, 프로이트는 이러한 반복 강박 행동을 죽음 충동에서 기인한 것이라고 밝힌 바 있다.

Case 3. 로버트 고버

동성애자로서 느끼는 사회적 단절과 소외의 표상

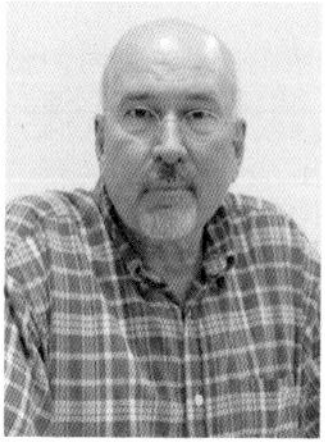

로버트 고버

2001년 베니스 비엔날레에서 미국관을 대표하기도 했던 미국 작가 로버트 고버Robert Gober, 1954-는, 버몬트 미들버리 대학Middlebury College에서 문학과 순수미술을 전공했다. 이후 뉴욕에서 활동하며 1980년대 중반 이후 당대를 대표하는 주요작가로 자리매김했다. 그의 작품은 절단된 신체 일부분이나 낯익은 일상 소재의 변형을 통해 안온하면서도 낯선, 언캐니한 정서를 불러일으킨다. 나아가 모호한 성 정체성을 보여주는 조각 작품들을 통해 주의를 환기시키고, 기존 사회의 고정관념과 가치 체계에 의문을 던진다.

고버의 작품 〈무제Untitled〉(1991)는 1991년 파리의 쥬드폼 미술관Galerie nationale du Jeu de Paume 개인전에서 선보인 남성 하반신 3부작 중 하나이다. 당시 나체의 엉덩이에 악보가 인쇄되어 있는 하반신, 여러 개의 배수구가 뚫려 있는 하반신, 그리고 초가 올려져 있

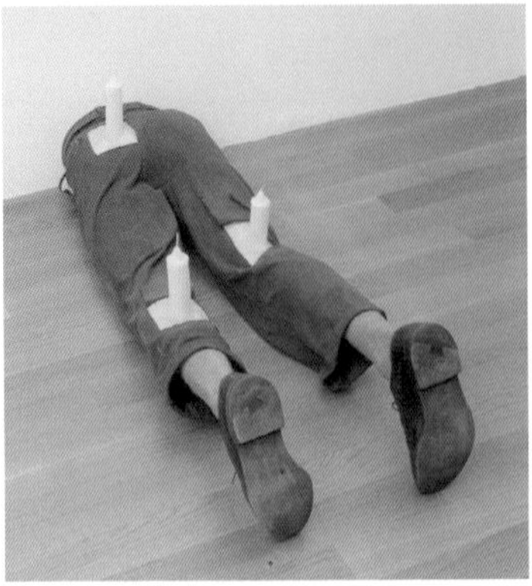

로버트 고버, 〈무제〉, 1991

는 이 작품이 설치되었다.[13]

고버의 작업에서 자주 보이는 절단된 신체는 사실 뉴스 사회면에서나 접할 법한 끔찍한 소재다. 그런데 고버의 작품에선 이상하리만치 평범한 일상의 감정이 느껴져 오히려 낯설다. 프로이트가 언급하는 익숙하면서도 낯선, 언캐니uncanny한 감정이 느껴지는 것이다. 바지와 구두, 발목 양말, 거기에 실제 체모가 이식되어 표현된 다리털 등은 과거 목공과 수공 일을 했던 그의 경력을 보여주듯 지극히 세부적이고 현실적이다.

벽에서 튀어 나온듯한 하반신과 무력하게 엎드러진 신체는 이성이나 생명을 상징하는 머리나 가슴 부분이 없어 하나의 인격체로는 볼 수 없는데, 이는 작가 자신을 상징한다고 평가된다. 동성애자라는 이유로 사회에서 지탄받으며 제대로 된 인격체로 인정받지 못한 채 소외되고 상처받은 자신의 표상이다. 카톨릭 집안에서 종교적 영향을 많이 받으며 자랐지만 어려서부터 동성애자임을 확인한 본인의 개인사적 고통과 모호한 정체성, 나아가 종교적 억압과 사회적 단절에 대한 무력함이 작품에 드러난다. 절단된 몸은 하나의 독립된 인격체로 보기 힘들다는 점에서 언어화된 세계, 즉 상징계the symbolic 이전인 상상계the imaginary를 보여준다고도 해석할 수 있다.

그는 젠더에 따른 이분법적 성 정체성에 대한 사회 규범과 고정관념을 해체하고자 하는데, 〈무제Untitled〉(1990)는 남성과 여성의 생물학적 특징이 결합된 토르소다. 머리와 팔다리는 없이 한쪽은 여성 가슴이, 다른 한쪽은 털이 난 남성 가슴이 표상된 조각이다. 한 인격체 내에 남성성과 여성성이 공존하는 것으로 인식되는 안드로

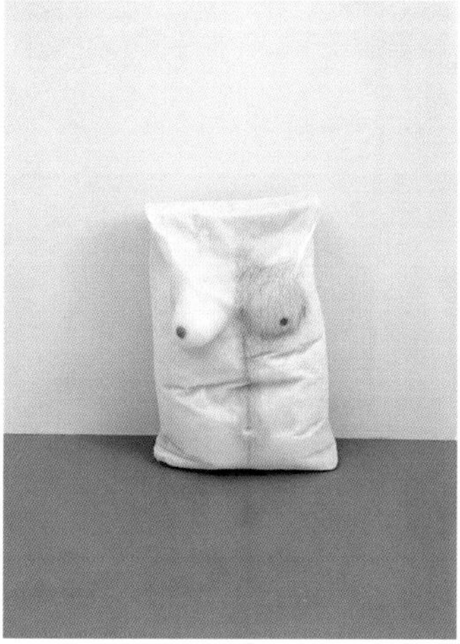

로버트 고버, 〈무제〉, 1990

진Androgyne 이미지는 기이하고 혐오스러워 보이기도 하는데, 이를 통해 고버는 동성애자가 가지는 양가적 성 정체성을 표상하고 있다. 그는 부모 양측 유전자를 물려받은 인간의 속성이 양성을 가질 수 있음을 보여주며, 성과 젠더에 대한 이분법적 구분에 의문을 제기한다.

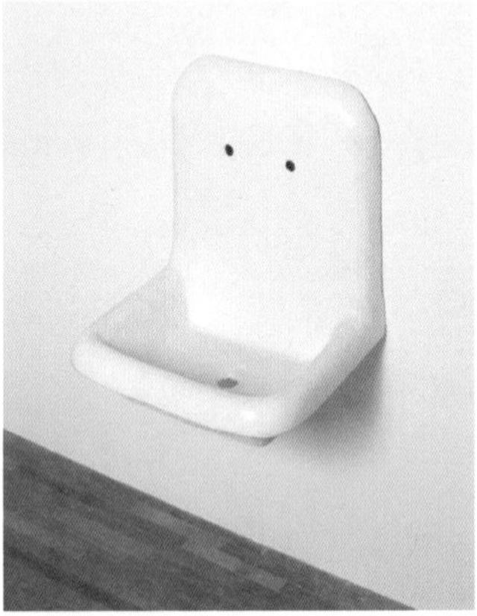

로버트 고버, 〈무제〉, 1985

〈무제Untitled〉(1985)는 수도꼭지가 부재한 《싱크Sink》 연작 중 한 작품이다. 싱크지만 수도꼭지도 배수구도 없는 싱크다. 수도꼭지가 없어 제 기능을 하지 못하는 싱크는 남성으로서 기능을 못해 '비정상적 존재'라 규정되는 동성애자에 대한 메타포다. 젠더로서의 성과 섹스로서의 성이 일치하지 않을 때 사회와 종교로부터 가해지는 통제와 압박의 표상이자, 1980년대 에이즈가 만연했을 당시 나약한

자신의 정체성과 무력함이 투영된 것으로도 볼 수 있다.[14]

이처럼 절단된 신체, 기능이 결여된 사물 등을 보여주는 고버 작업은 동성애자로서의 상처와 소외를 고발한다. 동시에 사회적·종교적 규범에 의해 모든 것이 규정되고 강요되는 상징계를 벗어나 전前단계인 상상계로 회귀, 한정적으로 부여되는 정체성에서 탈피하고자 한다고 볼 수 있다.

Case 4. 루카스 사마라스

왜곡 조작된 이미지로 표출되는 강박적 자화상

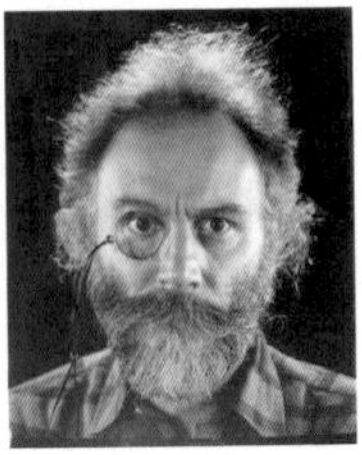

루카스 사마라스

그리스 출신의 루카스 사마라스Lucas Samaras, 1936-는 12세 때인 1948년, 가족과 함께 미국으로 이주해 뉴저지에 정착했다. 럿거스 대학Rutgers University에서 수학하며 앨런 캐프로Allan Kaprow와 조지 시걸George Segal을 사사한 그는 1960년대 '해프닝'에도 다수 참여했고, 컬럼비아 대학Columbia University에서는 마이어 샤피로Meyer Schapiro의 지도로 미술사를 공부했다. 그는 이민자로서 자신의 불안한 정체성과 소외에 주목하였고, 그의 작품은 유년기 경험했던 제 2차 세계대전과 그리스 내전에 크게 영향을 받았다. 사마라스는 자신의 몸과 이미지를 직접적으로 다루는데, 이미지의 왜곡을 통해 상징계 속 불안정한 자아를 표상한다. 주로 회화가 아닌 사진을 통해 표현되는 사마라스의 자화상은 거울단계에서 총체적인 자아를 인지했을 때의 나르시시즘과 소외감을 동시에 드러내는데, 자아에 대한 강박적 집착이 담긴 그의 자화상엔 시간에 대한 분열

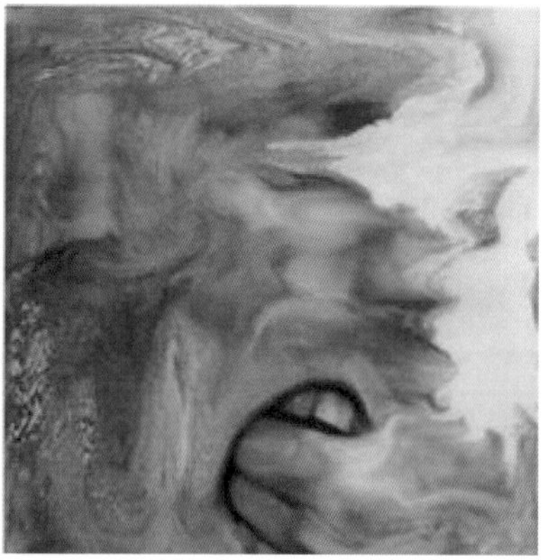

루카스 사마라스, 〈포토 트랜스포메이션〉, 1973-1976

증적 인식도 포착된다.

사마라스는 《포토 트랜스포메이션Photo Transformation》(1973-76) 연작을 통해 자아 탐색에 집중하며 변형된 이미지를 창출한다. 1969년부터 폴라로이드Polaroid 360 카메라로 실험하며 사진 작업을 확장해 나가던 그는, 1973년 SX-70 모델을 사용하게 된다. 이때 필름 표면의 덜 마른 염료가 유동적이라는 사실을 발견하고 필름 표면의 화학 물질이 굳기 전 염료 유제를 조작하여 새로운 결과물을 이끌어낸다.[15] 필름의 점성 유제를 누르고 조작한 그의 사진은 마치 사진 속 몸이 물결치듯 일렁이며 화학 물질의 바다에 떠 있는 것처럼 보이기도 한다. 물질의 기이함과 비인간적인 사물의 변형력을 강조한 그의 작업은 사진의 실행에 있어 신체와 재료 사이의 관계를 이론화하는 신유물론적 방법으로 고려되기도 했다.[16]

한편 이미지에 상처를 내어 왜곡, 변형된 자화상 이미지 《포토 트랜스포메이션》(1973-76) 연작은 내면적 갈등을 표출한 시각적 결과물로도 이해할 수 있으며, 한 인격 속 이러한 심리적 갈등은 관람자로 하여금 다층적 해석을 유도한다. 자화상 사진을 통해 사마라스는 사진을 찍는 주체인 동시에 피사체로 자신을 표현한다. 〈포토 트랜스포메이션〉(1974)에서처럼 사마라스는 대부분 알몸으로 등장하는데, 그는 자신의 나체를 보고 있는 타자의 응시에 대해 방어적 포즈를 취하거나 사진의 변형을 통해 본다는 행위를 방해한다.

《폴라로이드 파노라마Polaroid panorama》(1983-1984) 연작에서는 사진을 띠 모양으로 절단한 다음 이것을 다시 연결시킨다. 이는 조각조각 흩어진 자신을 다시 모으고 봉합하여 자아를 연결한 것처럼 보이지만, 거울단계에서 마주한 자신의 모습이 온전한 자신이 아니듯 파노라마를 통해 합쳐진 형상은 자신의 통합된 형상일 수 없다. 이 작업에서 사마라스는 제 2차 세계대전과 그리스 내전을 겪은 유년 시절의 불안과 트라우마를 투사하고 있으며, 시간을 일련의 영속적인 현재로만 인식하는 분열증적 인식을 표출한다. 결국 이를 통해 사마라스가 보여주는 것은 도착적 심리 상태, 그리고 주체의 분열과 해체라고 할 수 있다.

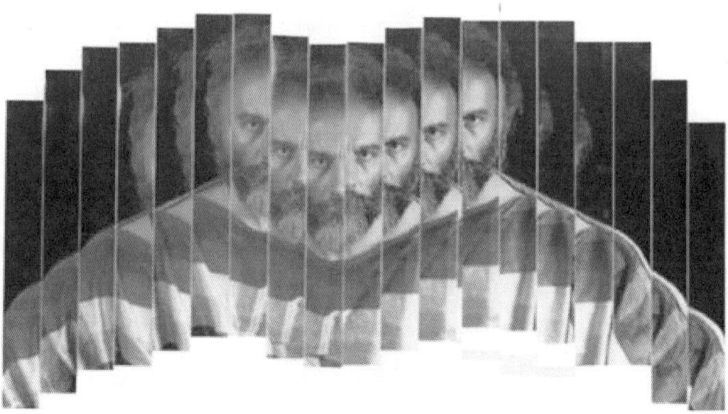

루카스 사마라스, 〈파노라마〉, 1984

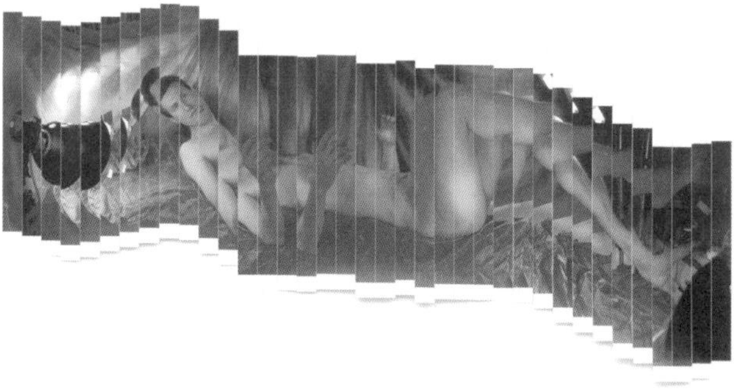

루카스 사마라스, 〈파노라마, 2월 23일〉, 1983

Case 5. 야요이 쿠사마

트라우마와 강박신경증의 예술적 승화

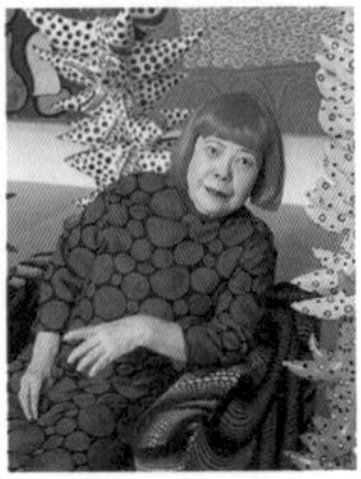

야요이 쿠사마 ©Creative Commons

현재 아흔을 넘긴 고령에도 불구하고 여전히 왕성하게 활동 중인 일본 작가 야요이 쿠사마Yayoi Kusama, 1929-는, 실제 강박신경증이라는 정신 질환을 예술로 승화시킨 작가다. 병세 악화로 인해 미국 활동(1957-1972)을 접고 일본으로 돌아온 쿠사마는, 1977년부터 자발적으로 정신병동에서 생활하며 작업을 병행하고 있다. 1998년 미국 LACMA와 뉴욕 MoMA 등에서 대규모 회고전이 열린 이후 국제적으로 더욱 명성을 떨치고 있다.

강박신경증은 본인 의지와는 무관하게 특정한 사고, 충동, 행동 등이 지속적으로 반복되는 정신적 장애다. 쿠사마는 10세경부터 강박신경증으로 인한 환각, 환청으로 고통 받아 왔으며, 불안과 공포를 극복하기 위해 끊임없이 작업에 전념했음을 자전적 글이나 인터뷰에서 강조해왔다. 프로이트에 따르면 억압되었던 욕망과 환상

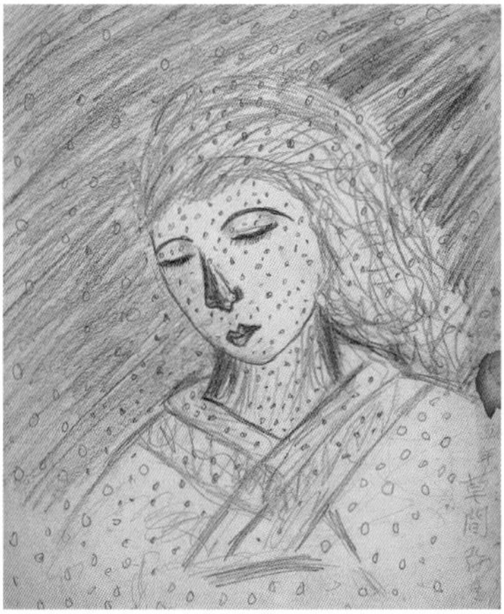
야요이 쿠사마, 〈무제〉, 1939

의 무의식적 충동들이 왜곡되어 나타나는 일종의 방어기제가 강박신경증이며, 이는 특히 유아기에 경험한 극심한 고통이나 트라우마에 기인한다. 다시 말해 유아기의 과도한 억압, 심적 갈등, 폭력 등이 원인이 되어 발병하는 정신 질환이 강박신경증이라 할 수 있다.

실제 쿠사마는 경제적으로는 윤택했지만 정신적으로 힘든 유년기를 보냈다. 아버지는 상위층이었던 어머니의 집안에 사위로 들어가 결혼 후 쿠사마라는 아내의 성姓을 갖게 되었고, 실질적 가장이었던 어머니는 권위적이었다. 부부간의 긴장으로 아버지는 방탕한 생활과 외도를 일삼았고, 어머니는 가부장적인 일본 사회 제도에 갇혀 있으면서도 강압적이고 폭력적이었다. 이런 환경에서 쿠사마는 히스테리컬한 어머니로부터 학대를 당하는 등 큰 고통을 겪었고, 여기에 제 2차 세계대전의 불안한 환경까지 더해지며 어린 시절부터 강박신경증적 증상을 보였다.[17] 어머니의 극렬한 반대와 폭력에도 불구하고 끊임없이 드로잉과 회화작업에 집착한 그에게 미술은 환각에 대한 투쟁이자 방어 기제였다. 10세 때의 작품 어머니의 초상화 <무제>(1939)는 이를 보여주는 초기작이다.

쿠사마는 보수적이었던 일본을 떠나 28세 때인 1957년 미국으로 이주하면서 본격적 활동을 시작한다. 《무한망Infinity Nets》 연작은 한정된 색채와 반복, 올오버 구도 등을 보여주는데, 당시 뉴욕의 추상표현주의나 미니멀리즘과 유사한 맥락이 있음에도 쿠사마는 이러한 작업이 강박신경증적 환각이 발전한 독자적인 추상임을 여러 차례 강조하였다.[18] 프로이트에 따르면 죽음 본능은 승화의 원동력이자 억압된 것으로의 회귀로서, 반복 강박 관념과 연결된다. 자서전에서 쿠사마는 "나는 내 자신에 대한 희망을 놓은 사람과 같았고, 그럴 때 나는 엄마의 자궁 안에 여전히 있었다"고 언급한다.[19] 이는 프로이트가 말하는 어머니의 자궁을 향한 향수와도 연결된다.

섬유와 바느질을 이용한 부드러운 남근 시리즈 <집적Accumulation No. 2>(1962)은, 쿠사마의 성性에 대한 공포감과 혐오감을 표상한 것이다.[20] 멜라니 클라인Melanie Klein의 이론에 따르면 부분대상part-object은 반복적이고 강박적으로 분열에 분열을 거듭하는데, 무수히 분열된 남근 오브제를 작품에서 확인할 수 있다. 쿠사마는 불안과 공포의 근원인 남근을 차용하여 노골적으로 보여주는데, 반복적인

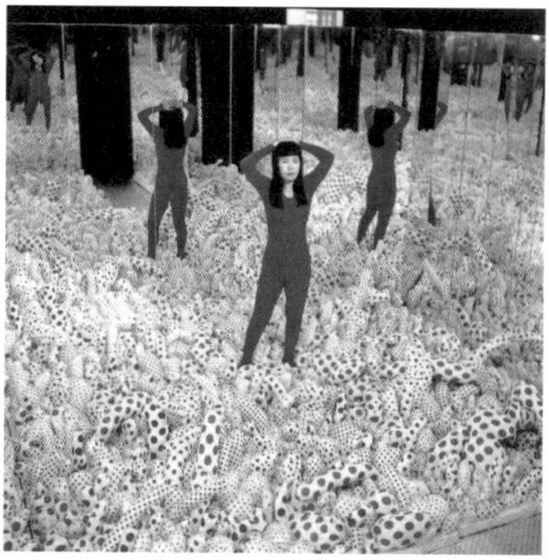

야요이 쿠사마, 〈무한 거울방-남근 밭〉, 1965

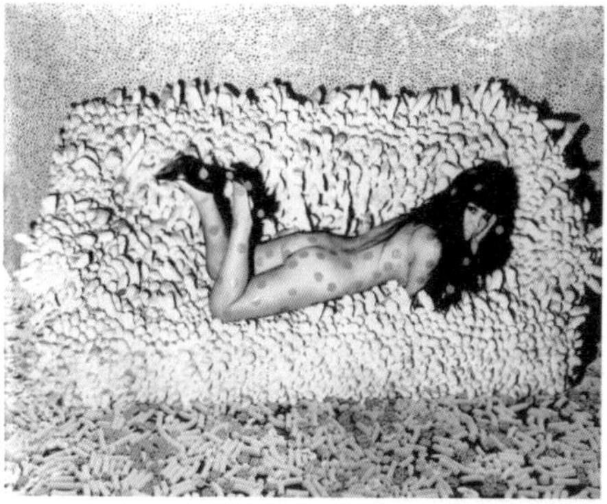

〈집적 No.2〉에 누워있는 야요이 쿠사마, 1966

재생산을 통해 공포가 친밀감으로 전환되며 이를 극복할 수 있었다고 언급한다.

미술사가 그리젤다 폴록Griselda Pollock은 이러한 남근의 증식과 반복이 일본 여성 예술가로서의 강박을 보여주며, 남근의 상징성과

파워 대신 에로틱한 신체로 그 의미를 약화시켰다고 서술했다.[21] 이처럼 수직적 형상이 아닌 수평적 배경 속에 복제되어 흩어진 수많은 남근 오브제의 집적은, 남근의 상징성과 권위를 약화시키고 가부장적 남근 질서를 조롱하는 것으로 읽을 수 있다. 이후 설치 작품으로 확장된 무한 거울방 시리즈에서 쿠사마는 수많은 점들과 오브제로 가득 찬 공간에서 '자아 소멸self obliteration'의 개념을 제시한다. 이를 통해 그녀는 사회적 억압과[22] 과거의 트라우마로부터 자유를 얻고 무한을 획득하며, 나아가 본인의 자폐적 공간에 관람자의 집단적 참여를 유도하는 것이다.[23]

Case 6. 에바 헤세

파편화된 부분대상과 부조리성의 표상

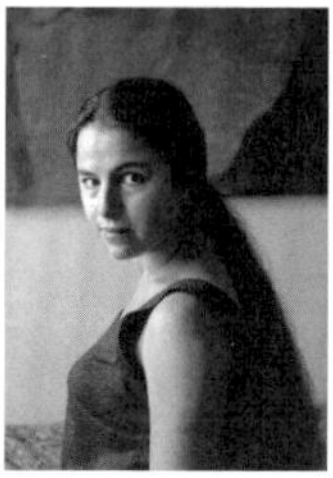

에바 헤세

에바 헤세Eva Hesse, 1936-1970는 독일 태생의 유태인으로 2세 때 나치의 탄압을 피해 뉴욕으로 도피했고, 어린 시절 부모의 이혼과 어머니의 자살로 인해 불행한 유년 시절을 보내며 트라우마적 상황을 겪었다. 이후 쿠퍼 유니온Cooper Union과 예일 대학Yale University에서 수학했으며, 급변하는 60년대 조각 미술계에 큰 획을 그었다고 평가된다. 라텍스, 유리 섬유, 레진 등 당시 미술계에서 흔치 않은 소재를 사용하여 신체와 감성을 상징하는 작품을 제작했으나, 1970년 뇌종양으로 34세의 젊은 나이에 비극적으로 짧은 생을 마감했다. 헤세의 독특한 재료들이 만들어내는 불규칙한 형상들과 매달기, 묶기 등의 기법은 당시 형상을 거부하던 포스트미니멀리즘을 대표하며 권위적인 남근중심주의에 저항했다고 평가된다.

헤세는 1963년 뉴욕에서 생애 첫 개인전을 가진 후, 1964년 조각

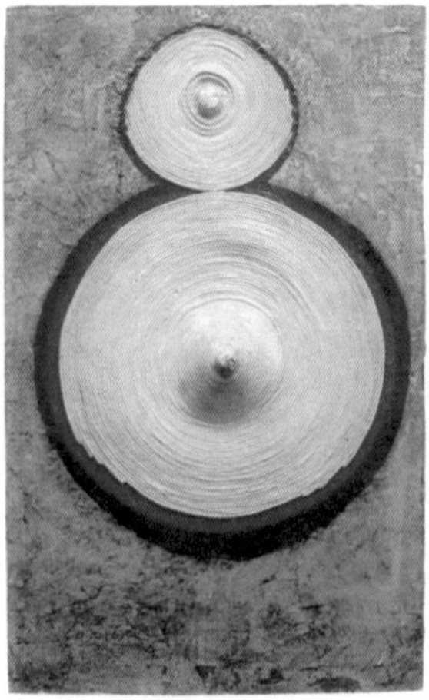
에바 헤세, 〈링어라운드 아로지〉, 1965

가였던 남편 톰 도일Tom Doyle과 함께 1년간 독일에 머무른다. 이 시기 헤세는 근처 폐공장에서 남은 재료로 조각 작품을 제작하기 시작했는데, 이는 이전까지의 회화 작업에서 조각으로 전환하는 터닝 포인트가 된다. 1965년 뉴욕으로 돌아온 이후 라텍스, 유리 섬유, 레진 등의 재료가 본격적으로 사용되었고, 이와 같은 비전통적 접근은 헤세의 전 작품에 드러난다.

초기 입체 작업에서는 조각난 신체가 연상되며 멜라니 클라인의 '부분대상'으로 파악되는 작품이 다수 존재한다. 첫 번째 부조 작업인 〈링어라운드 아로지Ringaround Arosie〉(1965)는 종이를 풀에 개어 만든 종이 반죽 위에, 천으로 감싼 전선을 촘촘히 감아 제작한 것으로 파편화된 신체를 연상시킨다.

클라인의 이론에 따르면 생후 3-6개월의 유아는 어머니도 자신도 하나의 통합된 대상이 아닌 '부분대상'으로 인식하는데, 이때 '편집분열적 위상'에서 공격적 충동이 투영되는 대상이 부분대상이다. 유아에게 최초의 부분대상은 어머니의 젖가슴이고 여기에 남근 등 부분대상의 목록이 추가된다. 생후 6개월 이후에는 공격적인 파괴와 상실의 두려움을 느낌에 따라 '우울적 위상'으로 이행하게 된다. 클라인은 유아가 젖을 뗄 무렵 엄마 젖가슴의 상실에 대한 초기의 좌절감에서 거세 공포를 느낀다고 한 바 있다.

헤세는 미니멀리즘 작가 솔 르윗Sol LeWitt에게 이 작품을 '젖가슴이자 남근'이라고 묘사했는데[24] 이는 부분대상의 양성적 특징과 연결된다고 할 수 있다. 앞서 나왔던 미뇽 닉슨은 원형의 가슴에 동심원을 그리며 중심에 있는 젖꼭지를 향해 계속해서 작은 원을 구성하고 있는 이 양상을 편집증적 미장아빔mise en abyme; placed into abyss 구조라고 설명하며 부분대상의 분열 과정으로 분석했다.[25] 이같은 구조는 마르셀 뒤샹Marcel Duchamp의 〈만지세요Please Touch〉(1947)를 비롯해 헤세의 〈2 in 1〉(1965)에서도 공통적으로 볼 수 있다.

무게감 있는 금속 추를 비닐로 말아 그물에 축 늘어지게 담은 〈무제 또는 아직Untitled or Not Yet〉(1966) 역시 부분대상의 분열적 양상으로 읽을 수 있다. 닉슨은 이러한 작업을 '남근적 유일성의 가부장적 환상'을 공격하기 위한 것으로 해석한다. 이처럼 '부분대

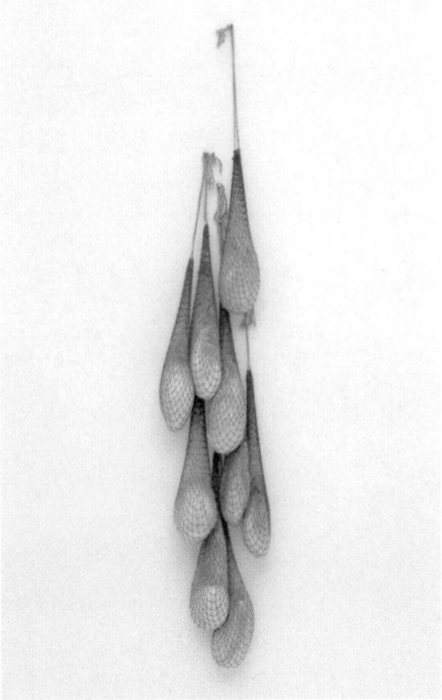

에바 헤세, 〈무제 또는 아직〉, 1966

상으로서의 미술적 대상'은 모더니즘적 승화 미학의 상징적 질서를 파열시키는 것으로 이해된다.[26]

1966년 이후에는 헤세의 작업에서 대립적 요소들이 결합된다. 〈부가 Addendum〉(1967)는 개념미술가 멜 보크너Mel Bochner가 기획한 《수열적 미술Art in Series》(1967) 전에 참여한 작품이다. 가로로 긴 나무막대 위에 일정한 비율로 점진적으로 벌어지는 17개의 회색 반구 hemisphere들은 수열적 반복의 양상을 보여주는데 반해, 돌출된 반구로부터 아래로 늘어뜨려진 긴 코드 선은 불규칙적 형태를 보여준다. 이에 대해 헤세는 상호 모순되는 이들의 병치가 '부조리성

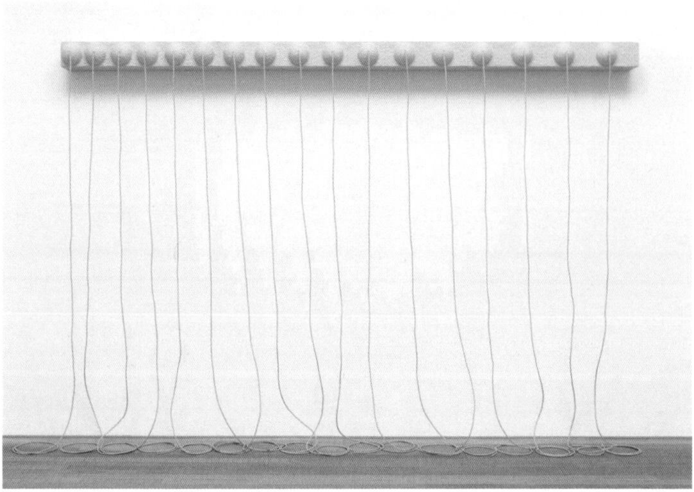

에바 헤세, 〈부가〉, 1967

absurdity'을 표상하는 시리얼 아트serial art의 또 다른 방식이라고 설명했다.[27] 회색 반구는 부분대상으로서 가슴으로 보이기도 하는데, 미술사가 로잘린드 크라우스Rosalind Krauss는 기존의 미니멀리즘적 반복과는 차별되는 헤세 작품의 신체적이고 강박적인 특징에 주목했다.[28]

이와 같이 헤세는 조각에 비전통적 재료를 사용하여 포스트미니멀리즘을 선도했으며 부분대상을 연상시키는 신체적 작업과 함께 상호 모순되는 것들의 병치를 통해 부조리성을 표상했다고 할 수 다.

김세정 발제/전영백 감수

정신분석학 1교시 강의

1) 헤밍웨이의 여러 저작에 녹아있는 이 원리는 빙산 이론이라고도 불린다. 그는 1958년의 인터뷰에서 다음과 같이 언급했다. "나는 항상 빙산 원리에 따라 글을 쓰려 노력한다. 빙산의 7/8은 눈에 보이지 않는 수면 아래 있다.(I always try to write on the principle of the iceberg. There is seven-eighths of it underwater for every part that shows.)." 이는 다음의 플림톤의 글에서 인용함. George Plimpton, 'An Interview with Ernest Hemingway' in *Ernest Hemingway: five decades of criticism*, Linda Welshimer Wagner(ed.), East Lansing: Michigan State University Press, 1974, p. 35.

2) 미술사와의 접목에 연관되는 정신분석학의 주요 이론과 개념은 마이클 해트와 샬럿 클롱크의 책을 참조하기 바란다. 마이클 해트, 샬럿 클롱크, 『미술사 방법론: 헤겔에서 후기식민주의까지 미술사의 다양한 시각들』, 전영백과 현대미술연구회 옮김, 세미콜론, 2013, pp. 283-321.

3) 프로이트는 줄담배를 피웠던 골초였기에 오랫동안 앓았던 구강암으로 작고했다. 언어로 치료(talking cure)하던 그가 말기에 말을 거의 할 수 없어 고통을 받았다는 것이 아이러니하다. 말기에 그의 딸 안나가 치료소통을 도왔다고 한다.

4) 이는 프로이트가 1922년 베를린에서 개최된 국제정신분석학회에서의 강연에서 언급한 내용임. Jae Emerling, 'Sigmund Freud' in *Theory for art history*, New York: Routledge, 2005, p. 4.

5) 아브라함의 가장 중요하고 독창적 이론은 전(前)성기기적(pre-genital) 단계에 대한 연구다. 이는 다음의 논문에서 볼 수 있다. K. Abraham, 'A Short Study of the Development of the Libido, Viewed in the Light of Mental Disorders'(1924) in *Karl Abraham: Selected Papers on Psychoanalysis*, Routledge, 1988, pp. 408-501. 그는 구강기와 항문기를 각각 초기와 후기로 세분화했다. 그는 전(前)성기기의 대상이 '부분 대상(a part object)'이라는 것을 제시했다. 이 용어는 유아가 관계하는 부모의 해부적 부분을 지시하기 위해 고안되었는데, 부모는 사람이 아니라 가슴이나 페니스와 같은 부분들이란 것이다. 이 내용이 클라인의 이론에서 중요하게 활용되는 것을 알 수 있다. 아브라함은 프로이트와 반대로 전(前)성기기적 고착을 중요시 여겼으며, 부분 대상인 젖가슴과 그것이 대변으로 전환되는 것과 같은 구강기와 항문기의 부분 대상과의 관계에 대해 상당히 많이 연구했다. 구강기에 대한 관심으로 그는 유아가 어머니에 대해 갖는 양가적 관계에 프로이트보다 더 큰 중요성을 두었다. 특히 멜랑콜리아(우울증)에서 어머니에 대한 증오가 근본적 역할을 행사한다는 것을 발견하였다. Hanna Segal, *Melanie Klein*, Penguin Books, 1981, pp. 15-16.

6) 그의 편집증 분석은 4년 후 발표된 거울단계 이론의 기초가 되었다.

7) 이 책의 제목은 라캉의 '세미나'에서 참조했음을 밝힌다.

8) 여기서 개인적 체험과 연관된 이야기를 잠시 언급한다. 나의 경우 『The Four Fundamental Concepts of Psychoanalysis』를 수없이 읽어 책이 형편없이 낡아졌다. 특히 응시 이론의 부분은 페이지가 닳아 없어질 정도였다. 영국에서 박사과정을 밟을 때, 지도교수님 및 동료 몇 명과 방학 중에 이 책의 집중 세미나를 열기도 했다. 두껍지도 않지만 어렵기로 악명높은 책이다. 그런데 나는 그 때 라캉 이론은 오히려 우리(한국인)가 영국 사람들보다 이해를 잘 할 수 있을지도 모른다고 생각하곤 했다. 프랑스 사람들의 사유에서는 직관(intuition)이 돋보이고 기호계(semiotic)가 더 발달되었다고 말해도 틀리지 않을 것이다. 그런데 앵글로·색슨 계열의 영국 사람들은 직관보다는 논리가 더 강화되고 상징계(symbolic)가 더욱 발달된 성향이 있다고 말할 수 있다. 이러한 문화적 차이 때문인지 영국에서는 라캉 이론을 '읽을 수 없는(unreadable)' 것이라 볼멘소리를 하기도 한다. 나는 개인적으로 우리나라 사람들이 기호적으로 프랑스인들과 더 유사하여, 세미오틱이 심볼릭보다 더 강하다고 생각하기에, 한국의 지적 문화에 라캉의 독해가 영국보다 더 쉬울 수 있다고 본다.

9) 위 프로이트의 이론적 기여 중에서 그의 1920년 『쾌락 원칙 넘어』가 갖는 중요성을 간과할 수 없으므로 간단히라도 언급해야 한다. 여기서 그는 리비도란 생명본능에 속하며 그 성적 표현으로 본다. 그리고 리비도에 반대되는 세력은 죽음본능으로 이전 상태, 즉 궁극적으로 무기물의 상태로 돌아가는 유기체의 생물학적 요구를 따르는 것이다. 그런데 유기체는 죽음본능에 의해 위협을 느끼고 이를 외부로 투사하는데 이때 죽음본능은 공격성으로 변화한다. 이러한 죽음본능이 공격성으로 나타난다는 점이 그의 이론에서 강조된 것을 알 수 있다.

10) 프로이트에 따르면 성이 온전히 구별되는 성기기(the genital)는 사춘기에 가서 확립된다. 그에 따를 때, 만약 리비도의 일부가 전성기기적 단계에 고착되어 그 단계의 목표와 대상에 집착하게 되면, 성기기 단계에서의 형성이 약하고 불안정하게 되고 초기 단계로 퇴행하게 된다. 그는 이렇게 전성기기적 단계에 속하는 조성으로 되돌아가는 것은 성인 신경증(neurosis)의 결정적인 요인이라고 보았다. Hanna Segal, *Melanie Klein*, p. 6.

11) 프로이트에 따를 때, 여아 또한 남근기를 거친다. 다만 여아는 질(vagina)의 존재를 알지 못하며 그녀에게 음핵(clitoris)은 남성의 페니스와 유사하게 성애의 주요 부분이다. 그는 여아도 오이디푸스 콤플렉스를 갖지만 남아와 달리 특정한 부분들로 다양화된다고 한 바 있다.

12) 클라인의 '놀이 기술(play technique)'은 그녀의 분석에 핵심적 방법인데, 이는 "무의식에 접근하는 기술"로서 프로이트의 자유 연상(free association)과 완전한 등가라고 할 수 있다. Melanie Klein, *The Selected Melanie Klein*, Juliet Mitchell(ed.), Penguin Books, 1986, p. 18.

13) 사랑과 미움이 결국 리비도의 발현 및 투여라는 점에서 마찬가지라는 것을 이해하리라 보기에 여기서 나는 미움을 따로 말할 필요가 없다고 생각했다. 사랑의 반대가 무관심이라는 것은 필자가 이미 『세잔의 사과』 첫 장에서 주체의 멜랑콜리아 심리구조를 다루면서 자세히 논한 바 있다. 여기서 나는 멜랑콜리아의 가장 큰 문제는 대상과의 관계가 절연되어 있다는 것임을 정신분석 이론에 근거하여 서술하였다. 전영백, 「크리스테바와 멜랑콜리 미학」, 『세잔의 사과: 현대사상가들의 세잔 읽기』, 한길사, 2021(개정판), pp. 25-110.

14) 줄리아 크리스테바, 김인환 번역, 『사랑의 역사』, 1995, 민음사, pp. 9, 25.

15) 여기서 물론 파편이란 개념은 전체를 상정해야 가능한 것이다. '파편'은 그 정의부터 관계적 개념이고 시간상 회고적이다.

16) Hanna Segal, *Melanie Klein*, p. 77.

17) Melanie Klein, Writings I, p. 264에서 인용(클라인의 강조); 위의 책, p. 78에서 재인용.

18) 한나 시걸에 따를 때, 1940년에 쓴 글에서 클라인은 우울적 위상의 창조적 측면을 강조하였다. 클라인은 우울적 불안의 정점에 도달한 상태에서 유아가 어떻게 자신의 사랑과 좋은 내적 상태를 재창조하는 역량과 기술을 활성화시키고 동시에 점차로 전능감이 감소되면서 외적 대상들을 복구하려고 노력하는가에 대해 묘사하였다.; 위의 책, pp. 82-83.

19) Melanie Klein, *The Selected Melanie Klein*, p. 21.

20) 라플랑쉬와 퐁탈리스에 따를 때, 이 수정의 메커니즘은 우울 불안 및 죄책감과 연관되는데, 모성적 대상에의 환상적 수정은 자아로 하여금 유익하고 이로운 대상과의 안정적 동일시를 보증함으로써 우울적 위상을 극복하도록 해준다. J. Laplanche & J.-B. Pontalis, *The Language of Psychoanalysis*, London: Karnac, 1973, pp. 388-389.

21) 클라인이 자신의 유아 연구 및 모성과의 관계에 집중한 연구를 영국에서 시작한 것은 운명적이고 더없이 적합했다고 할 수 있다. 언급했듯 영국 정신분석학계의 분위기에 잘 맞는 것이었고, 개인적으로도 본인이 영국에서 어린 자녀들 셋을 홀로 키우며 살았기 때문이기도 하다.

22) 이 부분은 줄리엣 미첼의 말을 참고할 수 있다. 그녀는 "영국문화는 낭만주의 시인들과 19세기 소설가들 이래 300년 정도 그 세계관의 중심에 유아기의 결정적인 효과를 두어온 측면으로 인해" 유럽 대

륙에서 유아 분석에 대한 관심이 강해지고 있었지만 런던에서 그 동력이 더 컸다고 서술했다. 덧붙여 그는 '아이가 어른에게 아버지다(the child is father to the man)'라고 처음 말한 사람은 프로이트가 아니라 워즈워스(Wordsworth)였다고 강조했다. 그리고 영국에서는 20세기에 들어 어머니와 아이 관계에 대한 관심이 만발했다고 덧붙였다. Melanie Klein, *The Selected Melanie Klein*, pp. 10-11.

23) Dylan Evans, *An Introductory Dictionary of Lacanian Psychoanalysis*, London: Routledge, 1996, pp. 123-124.

24) Julia Kristeva, *Black Sun: Depression and Melancholia*, Columbia Univ. Press, 1981 및 전영백, 「미술사와 정신분석학 담론: 줄리아 크리스테바의 기호학적 그림 읽기」, 『미술사학보』, 제17집, 2002, pp. 213-251을 참조할 것. 이 중 특히 크리스테바가 홀바인의 〈죽은 예수〉를 읽은 부분을 다룬 'IV. 표현할 수 없는 것/분리의 상징화'에서 연관 내용을 볼 수 있다.

25) 마단 사럽, 『후기구조주의와 포스트모더니즘』, 전영백 옮김, 조형교육, 2005. 이 책에서는 라캉, 데리다, 푸코를 비롯해 들뢰즈, 가타리, 리오타르, 보드리야르 등의 후기구조주의 이론가들, 그리고 식수, 이리가레, 크리스테바 등 페미니즘 이론가들을 다루고 있다.

26) 전영백, 「폴 세잔의 〈대 수욕도〉에 대한 정신분석학적 고찰」, 『서양미술사학회 논문집』, 제12집, 1999, pp. 61-88.

27) 전영백, 『세잔의 사과: 현대사상가들의 세잔 읽기』, 한길사, 2021(개정판). '거울단계'; pp. 313-325: '응시'; pp. 344-347, pp. 355-366.

28) 라캉 이론을 세잔의 작품을 읽는 데에 접목한 연구 중에서 특히 거울단계와 세잔의 자화상을 라캉의 거울단계로 읽은 연구는 런던에서 출판된 바 있다. Young-Paik Chun, 'Melancholia and Cézanne's Portraits: Faces beyond the Mirror' in *Psychoanalysis and the Image: Transdisciplinary Perspectives*, Griselda Pollock(ed.), Malden, MA: Blackwell, 2006.

29) 라캉이 말하는 사회는 정치구조, 경제와 같은 의미가 아니다. 주체가 사고하고 인식하는 모든 언어 의미의 체계가 바로 그가 말하는 사회인데 이는 오늘날 정신분석학에서 대부분 동의하는 바다. 사회는 우리의 언어를 통해서 내 인식 속에 이미 들어와 있다고 보는 게 라캉적인 생각이다.

30) 주체가 타인의 시선을 의식하고 이를 통해 자신을 본다는 것인데 이후 라캉의 응시 이론에서 이러한 타자들의 시선이 주체 주위에 전반적으로 편재하여 주체를 압도하는 것을 알 수 있다.

31) 여기서 유아에게 부재와 상실의 대상은 어머니다. 그녀의 부재 시 유아가 어떻게 반응하는가를 탐색한 것이 프로이트의 '포르트(fort)-다(da) 게임'인데, 이는 주체가 언어로 진입하는 이유와 그 근거를 제시한다. 요컨대 주체의 언어 습득은 사랑하는 대상의 상실과 그 부재에 반응하여 발생하는 것이며 이는 '대치(substitution)'과 연관된다는 것이다. 이 내용을 위해 마단 사럽, 『후기구조주의와 포스트모더니즘』, p. 46을 참고할 것.

32) Malcolm Bowie, *Lacan*, London: Fontana Press, 1991, p. 23.

33) Jane Gallop, 'Where to begin?(The Mirror Stage)' and 'Reading the Phallus' in *Reading Lacan*, Ithaca: Cornell University Press, 1985, pp. 74-92, 133-156에서 주요 내용을 가져왔다.

34) 여기서 갤롭의 말을 인용한다. "거울단계는 조각으로 된 신체 이후에 도래하여, 이렇듯 파편화된 신체를 통합된 신체로 조성하는 것이라 볼 수 있다." 나는 이것이야말로 서구 인식체계에서 중요한 '부분과 전체' 사이의 관계를 확인할 수 있는 부분이라 생각한다.

35) 전영백, 『세잔의 사과』, p. 361. 주석 30을 함께 참조할 수 있다.

36) 이는 본래 그리젤다 폴록(Griselda Pollock)이 제시한 세 가지 개념, 즉 참조(reference), 경의(deference), 차이(difference)에서 가져온 것이다. 그리젤다 폴록, 『고갱이 타히티로 간 숨은 이유』, 전영백 역, 조형교육, 2001, pp. 21-24.

정신분석학 2교시 심화 발제

1) Mignon Nixon, 'Posing the Phallus', *October*, vol. 92(Spring, 2000), p. 99.
2) 위의 논문, p. 102.
3) Mignon Nixon, 'Bad Enough Mother', *October*, vol. 71(Winter, 1995), pp. 70-92.
4) 위의 논문, p. 72.
5) 위의 논문, p. 85.
6) 위와 같음.
7) 위의 논문, p. 70.
8) Louise Bourgeois, quoted in Jean Fremon, *Louise Bourgeois: Retrospective 1947-1984, (Exh. Cat.)*(Paris: Gelerie Maeght Lelong, 1984); Mignon Nixon, 'Bad Enough Mother', p. 74에서 재인용.
9) Mignon Nixon, 'Bad Enough Mother', p. 75.
10) Simon Taylor's review of 'Chocolate Gnaw and Lard Gnaw', *Art in America*, vol. 80(Oct, 1992), p. 149; Mignon Nixon, 'Bad Enough Mother', pp. 77에서 재인용.
11) 위의 논문, pp. 77-78.
12) Melanie Klein, *Envy and Gratitude and Other Works 1946-1963*, New York: The Free Press, 1975, p. 183.
13) Mignon Nixon, 'Bad Enough Mother', p. 81.
14) 위와 같음.
15) 위와 같음.
16) 위의 논문, p. 84.
17) 위의 논문, pp. 88-89.
18) 위의 논문, p. 89.
19) 〈https://www.nga.gov/collection/art-object-page.131285.html〉, accessed 03 Aug. 2022.
20) Mignon Nixon, 'Bad Enough Mother', p. 88; 전영백, 「충분히 나쁜 어머니 (미뇽 닉슨)」, 『아트인 컬쳐』, 8월호, 2000, p. 142.
21) Mignon Nixon, 'Posing the Phallus', p. 103.
22) 전영백, 「충분히 나쁜 어머니 (미뇽 닉슨)」, p. 142.

정신분석학 3교시 응용 발표

1) Daniel Morris, 'Necessary Woundings: Public History and Private Myth in Philip Guston's Late Work', *Soundings*, vol. 79, no. 1/2(Spring/Summer, 1996), pp. 103-105.
2) 위의 논문, p. 98, p. 107; 거스톤은 유년 시절 가족의 충격과 슬픔으로부터 거리를 두기 위해 그림을 그리기 시작했는데 가족과 철저히 분리된 채 작업하는 경향은 성인이 되어서도 이어졌다. 거스톤은 이것이 유년기 트라우마가 반영된 것임을 뒤늦게 자각하게 된다.
3) Harry Cooper, 'Recognizing Guston(in four slips)', *October*, vol. 99(Winter, 2002), pp. 113-115.

4) 위의 논문, pp. 109-110; 거스톤은 1933년 2월 미국 군인회 산하의 '붉은 부대(Red Squad)'로 추정되는 세력들이 파이프와 총으로 무장한 채 침입해 본인의 작품 〈음모자〉의 눈과 성기 부분에 총을 쏘아 작품이 완전히 파괴되었다고 인터뷰에서 밝힌 바 있다; Dore Ashton, *A Critical Study of Philip Guston*, Berkeley: University of California Press, 1990, p. 27. 그러나 실제로는 본인의 작품이 아닌 그 옆 Kadish의 작품이 더 많이 손상되었고 〈음모자〉는 네 군데가 찢어진 정도였다. 게다가 작품에는 실제 성기나 눈이 직접적으로 묘사되지도 않아 거스톤의 기억에 혼돈이 있는 것으로 보인다. 쿠퍼는 이와 같은 혼란에서 드러나는 눈과 남성 간의 관계, 다시 말해 '실명(blinding)'과 '거세(castration)' 공포가 오이디푸스 콤플렉스의 핵심이며, 이 지점에서 아버지와의 동일시 구조가 연결된다고 분석한다.

5) Sigmund Freud, *Mourning and Melancholia*, London: Hogarth Press, 1917, p. 251.

6) Donald Kuspit, 〈http://www.artnet.com/Magazine/features/kuspit/kuspit12-4-03.asp〉, accessed 05 Aug. 2022.

7) 위와 같음.

8) Paul B. Jaskot, 'Gerhard Richter and Adolf Eichmann', *Oxford Art Journal*, vol. 28, no. 3, 2005, pp. 464-466.

9) 위의 논문, pp. 468-471; 아돌프 아이히만(Adolf Eichmann)은 나치의 친위대 장교로 유태인의 홀로코스트 실무자였다. 종전 이후 그는 신분을 세탁하고 가명을 쓰며 아르헨티나에 숨어 살다가 1960년 이스라엘 정보기관에 생포되어 예루살렘으로 이송되었고, 이후 전범 재판을 받아 사형에 처해졌다. 공개 재판에서의 아이히만은 악인일 것이라는 예상과 달리 유태인을 특별히 증오하지도 않는 평범한 한 개인의 모습을 보여주었다. 자기 인식과 그에 따른 도덕적 판단력이 부족해 그저 나치 정부의 명령에 순응하고 범죄에 참여했던 아이히만의 사례는, 한나 아렌트가 지적했듯 '악의 평범성'을 드러내며 세계적으로 경각심을 불러 일으켰다.

10) 리히터가 브러쉬 대신 사용하는 스퀴지(squeegee), 라켈(Rakel)은 스크린 인쇄 중에 체를 통해 잉크가 문질러지는 고무 나무로 된 칼 모양의 장치로 긁힌 자국 등을 남긴다.

11) 〈https://www.metmuseum.org/art/collection/search/789696〉; 〈https://www.porta-polonica.de/en/atlas-of-remembrance-places/birkenau-gerhard-richter?page=1#body-top〉, accessed 19 Aug. 2022.

12) 위와 같음.

13) 〈https://www.moma.org/collection/works/81069〉, accessed 13 Jan. 2022. 고버는 이 세 작품이 각각 쾌락, 재앙, 그리고 부활을 상징한다고 밝혔다.

14) Elisabeth Sussman, *Robert Gober: Sculptures and Installations, 1979-2007*, Theodora Vischer(ed.), Basel: Steidl/Schaulager, 2007, p. 60.

15) Raymond Hernández-Durán, 'Phototransformation (10/25/73), 1973; Phototransformation (4/4/76), 1976; Phototransformation (7/31/76), 1976 by Lucas Samaras', *Art Institute of Chicago Museum Studies*, vol. 25, no. 1, The Art Institute of Chicago, 1999, pp. 48-49.

16) Ewing, Samuel Dylan, 'Floating on a Chemical Sea: Lucas Samaras's Psychedelic Emulsions', *American Art* (Summer, 2021), vol. 35, no. 2, pp. 33-34.

17) Izumi Nakajima, 'Yayoi Kusama between Abstraction and Pathology' in *Psychoanalysis and the Image: Transdisciplinary Perspectives*, Griselda Pollock(ed.), Malden, MA: Blackwell, 2006, pp. 154-155; Yayoi Kusama, *Infinity Net: The Autobiography of Yayoi Kusama*, R. McCarthy(Tran.), Chicago: The University of Chicago Press, 2011, p. 61, p. 70.

18) Izumi Nakajima, 'Yayoi Kusama between Abstraction and Pathology', p. 145.

19) Yayoi Kusama, *Infinity Net: The Autobiography of Yayoi Kusama*, 2011, p. 66.

20) 위의 책, p. 42.

21) Griselda Pollock, 'Three Thoughts on Femininity, Creativity and Elapsed Time', *Parkett*, 59, 2000, p. 109.

22) 유년기 일본 제국주의와 군국주의 하에서의 봉건적이고 여성에 대한 경멸적인 사회 구조와 억압, 이후 뉴욕에서의 아시아 여성에 대한 고정관념 및 소외를 의미한다; Judith Rodenbeck, 'Yayoi Kusama by Frances Morris, Jo Applin, Juliet Mitchell, Mignon Nixon, Rachel Taylor and Midori Yamamura', *Woman's Art Journal*, vol. 33, no. 2(Fall/Winter 2012), pp. 42-44.

23) 위와 같음

24) Mignon Nixon, 'Posing the Phallus', *October*, vol. 92(Spring, 2000), p. 115.

25) Mignon Nixon, 'Ringaround Arosie: 2 in 1' in *Eva Hesse*, Mignon Nixon(ed.), Cambridge: MIT Press, 2002, pp. 201-203.

26) 위의 논문, p. 203.

27) 〈https://www.tate.org.uk/art/artworks/hesse-addendum-t02394〉, accessed 21 Aug. 2022.

28) Lucy Lippard, *Eva Hesse*, New York: Da Capo Press, 1976, p. 96.

책을 마치며

오늘날 미술이론 전공 학생은 물론, 실기 전공자의 경우도 자신의 시각적 사고에 뒷받침이 될 만한 이론적 틀을 어느 정도씩은 갖고 있어야 한다고 생각한다. 더 이상 "한 우물만 파라"는 조언은 그들에게 미덕일 수 없다. 사정이 사뭇 달라진 것이다. 교수나 연구자 입장에선 이미 학문 간 통섭을 추구한 지 오래고 학생들 또한 복수 전공을 선호하는 추세다. 더구나 매시간 쏟아지는 정보의 홍수 속에 무엇을 어디까지 취해야 할지 혼란스럽다. 이처럼 날로 선택의 범위가 넓어지는 상황에서 어느 정도 이론의 주요 가닥은 잡혀야 하는데 바로 그 범위와 방향성을 제시해 줄 수 있는 게 좋은 수업이 아닐까 생각된다. 물론 전공의 전문성을 중심으로 해야겠지만, 타분야의 사유와 개념 또한 과감히 끌어와서 생각의 구조를 보다 창의적으로 펼칠 필요가 있는 것이다. 바로 이 책이 의도하는 바이다.

『더 세미나』는 실제 공간에서 이뤄졌던 대학에서의 수업을 일반 독자와 그대로 공유하려는 아이디어로 시작되었다. '강의실을 개방

한다'는 컨셉을 살리기 위해서 수업의 방식 그대로 책을 구성했다. 우선 강의의 내용을 정리했고, 수강생들의 논문 발제로 미술이론의 내용을 심화했으며, 이러한 이론적 시각으로 미술작품을 새롭게 보는 사례연구를 다뤘다. 다시 말해 이 책은 포스트모더니즘의 대표적인 이론들을 소개하고 그것이 미술이론에서 어떻게 활용되는가를 고찰한 후, 그 시각으로 작품을 심도있게 이해하고자 했다.

따라서 책의 내용으로 먼저 교실 안팎의 수강생들 모두 오늘날 우리에게 필요한 이론이 무엇인가를 생각하도록 유도했다. 수업의 실러버스를 짤 때 가장 고민했던 부분이기도 하다. 교실 안의 수강생 뿐 아니라 내 강의에 참여한 교실 밖 가상의 독자들까지도 고려해야 했던 것이다. 현대 미술의 경우, 미술작품의 단편적 정보만으로는 빈약하고 피상적 이해에 그칠 수 있다. 그것이 작가나 작품에 관한 내용이든, 역사적 흐름 속에서 미술사를 파악하는 것이든 심층적 이해를 위해서는 부족한 것이다. 하나의 작품이 놓인 종횡의 좌표를 읽어내는 것이 중요한 이유가 바로 그것이다. 인문학과 사회과학의 이해와 통섭은 그래서 필요해진 것이다. 1970년대 후반 등장한 영국의 신미술사를 대표적으로 들 수 있는데 이는 사회학을 시작으로 미술사를 다양한 학술영역들과 접목시킨 급진적 담론이었다. 그 학제에서 교육받은 나는 지난 20여 년 동안 미술사 자체의 내용뿐 아니라, 미술이론의 방법론을 특화하고자 노력해왔다. 이와 직결된 수업이 학부 4학년의 '포스트모더니즘 미술론'과 대학원의 미술사방법론 계열의 과목들이다. 이러한 수업들에서 미술

작업의 이해에 근본적으로 작용하는 포스트모던 시각들을 소개해 왔다. 이 책과 연동되는 기호학, 정신분석학, 프랑스 페미니즘 철학, 포스트식민주의, 문화학, 그리고 집단지성과 뉴미디어 아트 등을 다뤘던 것이다. 이렇듯 다층적 담론들 중, 이 책은 기호학과 정신분석학을 먼저 소개하였다. 이를 시작으로 후속 담론들도 다루려는 것이 우리 강의실의 야심찬 계획이다.

일반 독자들께는 기호학과 정신분석학을 미술에서 다룬다는 게 생소하게 들릴 수 있겠지만, 실은 국내외에서 많이 활용되는 이론들이다. 국내 미술이론계의 경우 소위 포스트모던 이론의 세례를 받은 연구자들이 2000년대 초 해외 유학에서 돌아와 이를 소개하면서 시작되었다. 이 책의 이론가들 중, 자크 라캉과 멜라니 클라인, 그리고 줄리아 크리스테바의 경우는 1999년에서 2002년 사이에 필자가 국내외 학회 발표 및 출판, 그리고 연구재단 독회 등을 통해 소개한 바 있다. 물론 처음에는 이 이론들을 미술작품에 접목하여 소개하는 데에 번역의 문제 등 개념의 이해와 소통에 많은 어려움이 있었다. 그러나 20여 년이 지난 지금에는 국내 미술이론계에서 기호학과 정신분석학을 활용하는 연구자들이 상당히 많아졌고, 이 책에서 보듯, 학생들 또한 미술작품을 이해하기 위해 이를 활용하는 것이 자연스럽게 되었다. 나름의 성취감과 보람을 느끼게 된다.

수업의 실제 내용을 책으로 만든다는 건 가슴 설레는 일이다. 강의가 일회성으로 흘러가지 않고 활자화됨으로써 학문적 토대를 보다 견고하게 다지는 느낌이 있다. 이 책에는 미술사학과 대학원 세미나 및 예술학과 4학년의 수업이 고스란히 들어있다. 수강생들의 리뷰글을 선정해 수록한 '와글 와글'의 제자들을 포함, 수업에 열심히 참여해 준 많은 제자들이 있었기에 이 책이 세상에 나올 수 있었다. 지적 호기심에 눈을 반짝이며 강의실에 앉아있던 사랑스런 학생들의 모습이 눈에 어른거린다. 이 책이 소중하고 귀한 그 젊은 이들의 사유에 도움이 될 수 있기를, 무엇보다 자신의 주체를 잘 이해하고 거친 세상에서 스스로를 자신있고 자유롭게 펼쳐나가기를 바라며 이제 강의실을 나가려 한다. 또한 그들과 함께 이 수업에 참여해 주신 익명의 독자들께도 감사의 마음을 전한다.

전영백

ㅂ

ㅅ

ㅇ

ⓒ 이미지 출처

멜라니 클라인 초상 https://commons.wikimedia.org/wiki/File:Melanie_Klein_1952.jpg
야요이 쿠사마 초상 https://creativecommons.org/about/downloads

이 책에 실린 작품 대부분은 저작권자의 동의를 얻었거나, 위키피디아, 나무위키 등에서 무료 이미지를 사용했습니다. 다만, 일부 이미지는 연락이 닿지 않아 허가를 받지 못하고 사용할 수 밖에 없었습니다. 추후라도 저작권이 확인되는 대로 적법한 절차를 따르겠습니다.

전영백의

더 세미나

기호학 정신분석학 편

초판 1쇄 2023년 1월 20일 **초판 1쇄 발행** 2023년 1월 30일

지은이 전영백 · 오세령 · 김세정
펴낸이 김지은

크리에이티브 디렉터 북베어 **경영관리** 한정희
디자인 최지민 **멀티미디어** 이예린 **교정교열** 김지연 **브랜딩** 허선희

펴낸곳 자유의 길 **등록번호** 제2017-000167호
홈페이지 https://www.bookbear.co.kr **이메일** bookbear1@naver.com

ISBN 979-11-90529-25-9 (03600)

* 이 도서는 한국출판문화산업진흥원의 '2022 중소출판사 출판 콘텐츠 창작 지원 사업'의 일환으로 국민체육진흥기금을 지원받아 제작되었습니다.

자유의 길 Media Contents Group

길은 네트워크입니다. 자유의 길은 예술과 인문교양 분야에서 사람과 사람, 자유로운 마음과 생각, 매체와 매체를 잇는 콘텐츠를 만듭니다.